Eine besondere Reise in deine Traumwelt

60 Fantasiereisen für Kinder mit Marie und Ben

Philipp Brandt

Philipp Brandt

Eine besondere Reise in deine Traumwelt

60 *Fantasiereisen für Kinder mit Marie und Ben*

ISBN: 978-3-9822828-0-0

Inhaltsverzeichnis

Vorwort

Anders als Erwachsene müssen Kinder die Welt erst entdecken. Ständig sind sie neuen Reizen ausgesetzt, die das Gehirn erst verarbeiten muss. Dabei kann es leicht zu einer Überforderung kommen. Nimmt der äußere Input an Reizen zu starke Formen an, können oft nicht einmal Erwachsene diese verarbeiten. Wie muss es da erst Kleinkindern ergehen, die noch nicht in der Lage sind, gewisse Reize selektiv auszublenden. Alle äußeren Einflüsse dringen bis zum Gehirn vor und sollen verarbeitet werden. Das ist aber nicht mehr möglich. Die Synapsen sind nicht mehr in der Lage, zu reagieren. Der so entstehende Neurostress löst verschiedene Probleme aus. Die Kinder sind ungeduldig, reagieren ungehalten, weinen häufig und zeigen auch ohne ersichtlichen Anlass, Wutanfälle.

Dabei wären sie durchaus an der Entdeckung der Umwelt interessiert. Hast du schon einmal dein Kind beobachtet, wie es neue Dinge mit den Händen oder dem Mund erkundet? Wie sich sein Gesichtsausdruck verändert, wenn es etwas Unbekanntes berührt, schmeckt oder riecht? Diese Erlebnisse gibt es für jeden Menschen nur einmal im Leben. Deshalb sollten sie voll ausgekostet und nicht durch eine Reizüberflutung verdorben werden.

Damit die Wahrnehmung deines Kindes nicht übermäßig beansprucht wird, solltest du rechtzeitig den Kreislauf stoppen und für Entspannung sorgen. Doch das ist gar nicht so leicht. Dein Kind ist vielleicht gefangen in einem Überangebot an akustischen oder anderen sensorischen Reizen. Es ist nicht mehr in der Lage, seine Gedanken von der Reizüberflutung zu lösen und abzuschalten. Hier kannst du mit einfachen Techniken helfend eingreifen.

Alle Reize auszuschalten ist nämlich keine Lösung. Ohne die Einwirkung der Umwelt kann sich dein Kind nicht entwickeln. Es muss ja schließlich erst lernen, auf welche Fähigkeiten es zurückgreifen kann. Vorlieben entwickeln sich nur durch Erfahrungen. Je weniger Reize gleichzeitig auf das Kind einstürmen, umso besser hat es die Möglichkeit, neue Dinge kennenzulernen und sich damit auseinanderzusetzen.

In diesem Buch erhältst du Informationen, wie Reizüberflutungen entstehen. Du erlernst gemeinsam mit deinem Kind die Technik der Fantasiereisen. Gemeinsam übt ihr, wie ihr die reale Welt ausblenden könnt und im Reich der Fantasie schöne und entspannende Momente erlebt. Bei der Rückkehr wird dein Kind gelöst und entspannt sein.

Das Buch wird dir helfen, mit wichtigen Problemen wie Einschlafstörungen, Wutanfälle und weinerliches Verhalten anders umzugehen. Dein Kind wird sich wohl und sicher fühlen und wieder ungestört einschlafen und durchschlafen. Durch die Übungen, die in diesem Buch enthalten sind, kann dein Kind neue Reize leichter aufnehmen und verarbeiten.

Du lernst außerdem, wie du deinem Kind helfen kannst, bei dem Einwirken einer zu großen Menge an Reizen in eine Fantasiewelt zu flüchten. Je jünger dein Kind ist, umso weniger Reizen sollte es gleichzeitig ausgesetzt sein. Bei Babys genügt schon ein Lächeln oder ein neuer Geruch, um das Gehirn voll zu beschäftigen. Neue und bekannte äußere Einflüsse müssen sich die Waage halten. Sicherheit bieten die Bezugspersonen Mama und Papa, die immer in Sichtweite sind. Neue und bereits bekannte Dinge sollten also immer ausgeglichen sein. Schaffe also mit diesem Buch Ruheoasen, an denen ihr genügend Kraft für neue Erlebnisse sammeln könnt.

Wie sollte eine Fantasiereise vorbereitet werden?

Damit sich dein Kind wirklich auf die Fantasiereise einlässt, sollte es freiwillig mitmachen. Durch gedämpftes Licht und möglichst wenige, ablenkende Geräusche wird eine entspannte Atmosphäre geschaffen. Wenn du mehrere Kinder auf eine Fantasiereise mitnehmen möchtest, solltest du wissen, dass jedes Kind die Geschichte individuell betrachtet und verarbeitet. Obwohl es sich um eine Geschichte handelt, werden zwei Kinder den Inhalt völlig unterschiedlich erleben und mit anderen Gefühlen reagieren.

Erwecke das Interesse deines Kindes, indem du ihm die Titel der Fantasiereisen vorliest. Dein Kind kann mitentscheiden, welche Geschichte ausgewählt wird. Bei Fantasiereisen für Babys und Kinder unter fünf Monaten wird es nicht so sehr auf den Inhalt, sondern auf die verwendeten Sinneseindrücke ankommen.

Gib deinem Kind die Zeit, die es benötigt, um sich auf die Fantasiereise einzulassen. Mach Pausen bei der Erzählung, wenn dein Kind länger an einem schönen Ort verweilen möchte. Schließe am Ende jeder Fantasiereise eine Rückholung in die Realität an.

Und jetzt wollen wir mit unserer ersten Reise in das Fantasieland beginnen.

Reise mit den Regentropfen

Komm gemeinsam mit Marie auf eine Reise in den Himmel. Schließe einmal deine Augen und stell dir vor, wie warme Regentropfen auf deine Hände fallen. Du spürst, wie die einzelnen Tropfen langsam über deine Haut rinnen und feuchte Spuren hinterlassen. Das gleichmäßige Geräusch des Regens dringt in deine Ohren ein und lässt dich angenehm müde werden. Du fühlst dich ganz leicht und sicher. Jetzt kannst du die Arme heben und wie ein Vogel zu den Regenwolken in den Himmel fliegen. Marie kommt auch mit, da sie schon immer einmal die Heimat der Regentropfen besuchen wollte. Gemeinsam steigt ihr langsam immer höher und höher. Direkt vor dir liegen viele graue Wolken, die wie flauschige Watte aussehen. Du fühlst wie deine Füße in der weichen Regenwolke versinken. Das fühlt sich ganz angenehm und leicht an. Du gehst ein Stück über die Wolke und fühlst dich ganz leicht. Wenn du nach unten schaust, kannst du die Erde mit ihren grünen Wiesen und Blumen gut sehen. Spürst du die vielen kleinen Regentropfen, die in der Wolke nur darauf warten, zur Erde zu schweben? Marie hebt einige Tropfen hoch und setzt diese auf deine Hand. Aufgeregt wirbeln die einzelnen Tropfen durcheinander und kitzeln deine Handfläche. Als du sie loslässt, springen die Tropfen schnell von der Wolke. Komm, wir fliegen mit ihnen, sagt Marie. Du springst von der Wolke und lässt dich von der Luft tragen. Der lustige Tanz setzt sich während des Fluges fort. Gemeinsam mit den Tropfen kommt ihr immer näher zur Erde. Jetzt kannst du schon das feuchte Gras sehen. Sanft landest du mit Marie mitten in einer Wiese. Die feuchten Grashalme gleiten zwischen deine Zehen und bringen dich zum Lachen. Beim Gehen über die Wiese fühlst du, wie nass der Erdboden ist. Du kannst leise gluckernde Geräusche hören. Du tanzt gemeinsam mit Marie und den Regentropfen über die Wiese. Mit der Zeit hat jeder Tropfen den zu ihm passenden Grashalm gefunden. Du siehst, wie die Regenwolke weiterzieht. Zaghaft lugt die Sonne zwischen den grauen Wolken heraus. Deine Haut wird durch die Sonne getrocknet und gewärmt. Du fühlst dich völlig sicher und angenehm entspannt. Versuche jetzt einmal, deine Arme langsam zu bewegen. Erinnere dich dabei an die Leichtigkeit der Regentropfen. Deine Arme werden sich genauso leicht anfühlen. Jetzt kannst du auch deine Beine langsam bewegen. Lass deine Augen noch geschlossen und koste das wunderbare Gefühl aus, das du beim Tanz mit den Regentropfen gehabt hast. Du fühlst, dass dein Bett genauso weich ist wie die Regenwolke. Kuschle dich nur tief in die Kissen ein und lass dir Zeit, wieder zurückzukommen. Du fühlst dich immer noch entspannt. Alle aufregenden Dinge sind verschwunden. Versuche, das entspannende Gefühl möglichst lange bei dir zu behalten. Setze dich nach einigen Minuten langsam auf. Du fühlst dich wohl und entspannt. Jetzt bist du bereit zu neuen Abenteuern.

Die Schlittenfahrt

Setze dich gemütlich auf das Sofa und schließe deine Augen. Genieße die Ruhe und die Stille, die dich wie eine schützende Hülle umgeben. Da kommt schon Marie, um dich abzuholen. Heute hat Sie auch ihren Freund Ben dabei. Gemeinsam steigt ihr in den Schlitten, der vor der Türe wartet. Der Kutscher deckt euch mit dicken Decken zu. Die Decken fühlen sich schwer und warm an. Und schon geht die Fahrt los. Der Schlitten wird von zwei braunen Pferden gezogen. Die hellen Mähnen bewegen sich im Rhythmus mit dem Schlitten. Sicher und leicht gleitet ihr über den mit Schnee bedeckten Weg. Auf der Seite des Weges siehst du hohe, weiße Schneewände. Sie säumen den ganzen Weg ein. Bei jeder Bewegung der Pferde hörst du die silbernen Glöckchen leise klingeln. Du fühlst die Luft, die schnell an dir vorbeigleitet. Die Pferde schnaufen. Ihr Atem ist in der kalten Luft gut zu sehen. Der Kutscher bringt euch bis zu einer großen, mit Schnee bedeckten Wiese. Ihr beginnt, einen Schneemann zu bauen. Zuerst rollst du eine große Kugel für den Körper. Auf diese setzt du eine kleinere Kugel für den Kopf. Auch Arme bekommt der Schneemann. Marie hat an alles gedacht. Sie hat Kohlestücke für die Augen und eine Karotte für die Nase mitgebracht. Ben setzt dem Schneemann einen lustigen Hut auf und gibt ihm einen Besen in die Hand. Auch für die Pferde sind einige Karotten übrig. Du nimmst eine Karotte in die Hand und gehst langsam zu den Pferden. Als du ihnen die Karotte hinhältst, lecken sie mit der Zunge über deine Hand. Die Zunge fühlt sich rau und weich zugleich an. Beide Pferde freuen sich über die Karotten und lassen sich gerne von dir streicheln. Deine Hand gleitet über das glatte Fell auf dem Kopf. Sobald du die Ohren kraulst, kuscheln sich die Pferde eng an dich. Dir wird ganz warm. Auch Marie und Ben streicheln die Pferde. Der Kutscher hat für euch belegte Brote und heißen Kakao mitgenommen. Der Kakao wärmt dich von innen. Gestärkt von den leckeren Broten setzt ihr euch wieder in den Schlitten. Unter der Decke ist dir schön warm. Du kuschelst dich tief ein und schon beginnt die Fahrt nach Hause. Die Pferde traben den ganzen Weg lustig vor sich hin. Du merkst richtig, wie viel Freude es ihnen macht, den Schlitten zu ziehen. An jeder Wegkreuzung lässt der Kutscher die Glöckchen bimmeln, damit die anderen euch schon von Weitem kommen hören. Das Geräusch der Glöckchen erinnert dich an das Läuten der Glocke am Weihnachtsabend. Aber jetzt schnell wieder herein in die warme Stube. Marie und Ben müssen auch nach Hause gehen. Du spürst die Decke auf dem Sofa. Beginne jetzt langsam, deine Arme und Beine wieder zu bewegen. Du kannst dich langsam aufsetzen. Jetzt öffnest du auch deine Augen und nimmst die Wirklichkeit um dich herum bewusst wahr. Alles ist angenehm und ruhig. Du fühlst dich ganz entspannt und zufrieden. Du bist jetzt bereit für neue Erlebnisse mit deinen Freunden.

Seifenblasen

Du hast sicher schon einmal selbst Seifenblasen fliegen lassen. Heute werden die schillernden Kugeln mit auf eine besondere Reise genommen. Setze dich dazu gemütlich hin und schließ deine Augen. Stell dir jetzt vor, dass du gemeinsam mit Ben viele bunte Seifenblasen in die Luft pustest. Die durchsichtigen Kugeln steigen bis in den Himmel. Ben macht eine besonders große Seifenblase und lädt dich ein, mit ihm in die Kugel zu steigen. Du steigst schnell durch die durchsichtige Wand. Der Boden fühlt sich fest und sicher an. Schon fliegt die Kugel mit Ben und dir in die Luft. Du fühlst dich leicht wie eine Feder und genießt den Flug. Durch die Wand der Seifenblase siehst du die Umgebung in einem rosa gefärbten Ton. Immer, wenn die Blase von den Sonnenstrahlen getroffen wird, beginnt sie in allen bunten Farben zu leuchten. Da kommt plötzlich eine Schwalbe vorbei. Auch sie fliegt schnell und wendig durch den Himmel. Du begrüßt den Vogel. Hallo, sagt die Schwalbe. Wie gefällt es dir denn da oben? Kaum hast du geantwortet, fliegt die Schwalbe auch schon wieder weiter. Sie ist damit beschäftigt, Futter für ihre Jungen zu besorgen. Fröhlich zwitschernd zieht sie ihre Kreise durch die Luft. Die Seifenblase gleitet jetzt immer weiter. Sie wird vom Wind getragen. Du findest die leicht schaukelnden Bewegungen besonders angenehm. Ben zeigt dir noch einige weitere Vögel, die die Bahn eurer Seifenblase kreuzen. Eine Amsel blickt besonders interessiert in das Innere der Kugel. Da sie keinen Wurm entdeckt, fliegt sie wieder weiter. Jetzt hat sich der Wind gedreht. Die Seifenblase beginnt wieder an ihren Ursprungsort zurückzufliegen. Damit du sicher landen kannst, hat Ben zwei Pusteblumen mitgebracht. Du nimmst deine Pusteblume fest in die Hand. Als die Seifenblase zerplatzt, wirkt die Blume wie ein kleiner Fallschirm. Sie lässt dich sicher in Richtung des Bodens gleiten. Dabei wird sie immer wieder von dem Wind in schaukelnde Bewegungen versetzt. Du findest es sehr angenehm, dich durch die Luft treiben zu lassen. Sanft landen Ben und du wieder auf dem Boden. Lustig bläst du in deine Pusteblume. Sofort lösen sich die einzelnen Samenfäden und beginnen einzeln durch die Luft zu schweben. Jeder Faden sucht sich einen Platz in der Erde. Hier werden nächstes Jahr viele neue Pusteblumen wachsen. Noch einmal bewunderst du mit Ben die schillernden Seifenblasen, die wie luftige Träume in den Himmel steigen. Wie schön war es doch, mit den bunten Kugeln zu fliegen. Du hältst das angenehme Gefühl weiter fest und fühlst dich leicht und frei. Doch jetzt ist es Zeit, zurückzukehren. Strecke deine Arme in die Luft und versuche noch einmal, die Seifenblasen mit den Fingern sanft zu berühren. Nimm ihre wechselnden, schillernden Farben in dir auf. Jetzt bewegst du auch langsam deine Beine und setzt dich auf. Halt die Erinnerung an die sanft durch die Luft schwebenden Kugeln möglichst lange fest. Du öffnest deine Augen und nimmst langsam die Farben in deiner Umgebung wahr. Sie sind genauso abwechslungsreich und bunt wie die Farben der Seifenblasen. Die Entspannung und das Glücksgefühl begleiten dich auch in die Wirklichkeit.

Brummel, der Bär

Setze dich einmal mit mir auf das Sofa. Nimm deinen Bär Brummel in die Arme und schließe deine Augen. Kannst du sein weiches Fell spüren? Brummel reckt seine neugierige Schnauze schon in die Höhe. Er ist gespannt darauf, was du mit ihm unternehmen wirst. Komm mit, sagt Brummel. Wir gehen jetzt in das Spielzeugland. Du lässt dich von Brummel aus dem Zimmer führen. Schon nach kurzer Zeit erreichst du viele kleine Häuser. In diesen wohnen die verschiedensten Puppen, Teddybären und andere Stofftiere. Alles ist bunt bemalt. Überall auf den Straßen liegen Bälle. In den Sträuchern wachsen bunte Lutscher, die nur darauf warten, gepflückt zu werden. Brummel gibt dir einen Lutscher. Er schmeckt wunderbar süß. Jetzt hast du das Haus erreicht, in dem Oma Bär wohnt. Brummel öffnet die Türe und führt dich hinein. Er zeigt dir sein

Zimmer, das voller Spielsachen ist. Oma Bär bringt euch frische Himbeerlimonade. Die schmeckt wirklich lecker. Auch selbst gebackene Kekse hat Oma Bär nicht vergessen. Zuerst spielst du mit Brummel Ball. Der bunt gestreifte Ball fliegt immer wieder zwischen euch hin und her. Danach kommt der Kreisel an die Reihe. Du beobachtest, wie er sich fröhlich über den Boden dreht. Inzwischen sind auch weitere Freunde von Brummel vorbeigekommen, um mit euch zu spielen. Du fühlst dich in der netten Runde wohl. Lachend spielst du noch einige Zeit mit Brummel und seinen Freunden im Garten von Oma Bär. Hier ist genügend Platz, um sich zwischen den Blumen und Sträuchern zu verstecken. Als auch noch der Hund Rocky aus dem Nachbarhaus vorbeischaut, wird es besonders lustig. Du wirfst immer wieder einen Ball, den der Hund zu dir zurückbringt. Als Rocky nicht mehr laufen möchte, kuschelst du dich ganz fest in sein langes Fell. Das fühlt sich so weich und angenehm an. Auch Rocky genießt die Streicheleinheiten. Zufrieden legt er sich neben dich in das Gras. Seine Pfote liegt liebevoll auf deiner Hand. Während du Rocky streichelst, klopft sein Schwanz immer wieder auf den Boden. Jetzt ist es aber langsam Zeit, sich zu verabschieden. Brummel und du wollen ja noch den Zoo in der Spielzeugstadt besuchen. Hier lernst du viele verschiedene Tiere kennen: Esel, Löwen, Giraffen und Enten. Alle freuen sich auf deinen Besuch. Die Stofftiere kommen an den Zaun und lassen sich von dir streicheln. Du verteilst mitgebrachte Leckereien. Es ist sehr schön, die unterschiedlichen Tiere zu füttern. Langsam wird es Zeit, den Heimweg anzutreten. Du verabschiedest dich von den Freunden von Brummel. Sicher wirst du noch lange an den schönen Ausflug zurückdenken. Brummel führt dich geradewegs wieder zurück nach Hause. Du bist jetzt wieder in deinem Zimmer. Streichle noch einmal über das Fell von Brummel, den du noch immer in deinem Arm hältst. Setze dich langsam auf und erinnere dich dabei an das schöne Gefühl während des Spielens mit Brummel und seinen Freunden. Sicher wirst du bald wieder so einen Ausflug unternehmen. Öffne jetzt deine Augen und versuche, langsam in der Wirklichkeit anzukommen. Brummel wird auch dabei immer an deiner Seite sein und dir Sicherheit geben.

Besuch bei der Raupe

Auf dieser Fantasiereise wirst du die Raupe, die in einem Schwamm mitten im Wald wohnt, besuchen. Leg dich einfach bequem hin und schließe deine Augen. Jetzt stellst du dir vor, wie du mit Marie durch den Wald gehst. Rund um dich herum stehen lauter Bäume, die ihre Äste schützend über dir ausbreiten. Du hörst die Vögel, die in den Baumwipfeln singen. Vor dir huscht ein Eichhörnchen über den Weg. Der kleine, braune Geselle bleibt kurz stehen und bittet dich um eine Nuss für seinen Wintervorrat. Du streichelst das Eichhörnchen. Das glänzende Fell fühlt sich so weich an. Dann gibst du dem Eichhörnchen die Nuss. Es bedankt sich und klettert flink auf den nächsten Baum. Kurz vor der nächsten Lichtung siehst du einige Schwämme stehen. Sie sind schön groß und haben einen lustigen roten Hut, der mit weißen Punkten bedeckt ist. Auf dem Hut sitzt eine kleine, grüne Raupe. Sie hat schon auf dich und Marie gewartet. Du berührst das Moos, das vor dem Pilz wächst. Auf einmal wirst du ganz klein. Jetzt kannst du mit Marie und der Raupe durch die kleine Türe in die Pilzwohnung gehen. Drinnen ist es besonders gemütlich. Du fühlst dich sofort wohl. Im Kamin knistert ein warmes Feuer und auf dem Herd steht schon der Teekessel bereit. Du setzt dich mit Marie und der Raupe an den schön gedeckten Tisch. Der Geruch von frisch gebackenem Kuchen und heißem Tee ist besonders lecker. Beiße ein Stück von dem Kuchen ab. Du schmeckst die Schokolade und die Rosinen. Der Tee schmeckt besonders süß, denn die Raupe hat natürlich auch Honig in den Tee getan. So vergeht der Nachmittag mit lustigem Geplauder. Die Raupe erzählt interessante Geschichten über ihre Wohnung in dem Pilz. Da klopft es an der Türe. Vor dem Pilz steht das Eichhörnchen, das du schon auf deinem Spaziergang durch den Wald kennengelernt hast. Es hat als Geschenk einige schöne, rote Beeren mitgebracht. Gemeinsam setzt ihr euch an den Tisch. Die Raupe legt die Waldbeeren in eine Schüssel. Die Beeren schmecken sehr gut. Nachdem du noch einige Zeit mit den anderen geplaudert hast, ist es jetzt an der Zeit, aufzubrechen und wieder zurückzukommen. Du verabschiedest dich von der Raupe. Das Eichhörnchen begleitet Marie und dich noch ein Stück durch den Wald. Du spürst die kühle Luft, die sich nach der Wärme des Kaminfeuers angenehm anfühlt. Deine Füße sinken in die Moospolster des Waldbodens ein. Am Waldrand verabschiedet sich auch das Eichhörnchen. Es klettert wieder in die Bäume, um schnell bei seiner Familie zu sein. Du gehst mit Marie gemeinsam weiter. Jetzt bist du wieder bei dir zu Hause angekommen. Erinnere dich noch einmal an die netten Gespräche mit der Raupe und dem Eichhörnchen. Jetzt kannst du langsam deine Augen öffnen. Bewege deine Hände und setz dich langsam auf. Du kannst immer noch den frischen Duft des Waldes riechen. Die Ruhe und Stille der Bäume füllt dich vollständig aus. Du fühlst dich zufrieden und entspannt und freust dich schon auf den nächsten Besuch bei der Raupe und ihren Freunden.

Der Luftballon

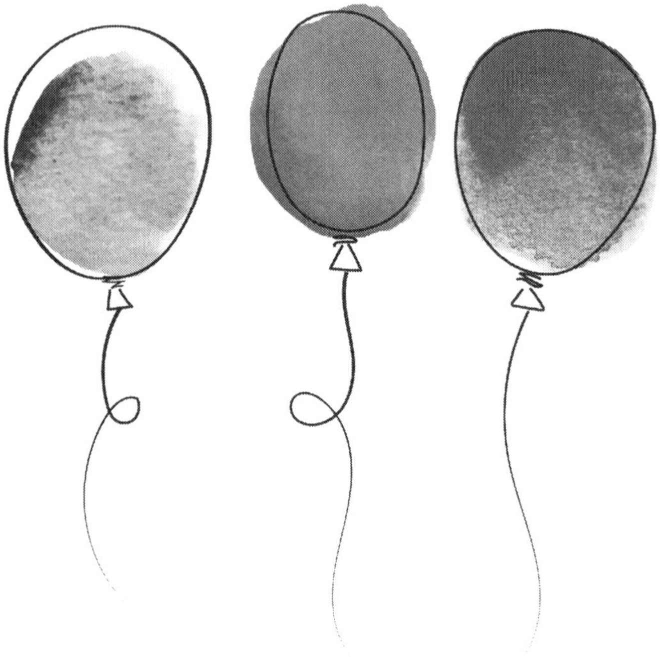

Hast du schon einmal gesehen, wie hoch ein Luftballon fliegen kann? Er steigt hoch hinauf und verschwindet zwischen den Wolken. Heute nimmt dich ein Luftballon mit auf seine große Reise. Leg dich entspannt hin und stell dir vor, dass du die Schnur des Ballons fest in deiner Hand hältst. Du steigst immer höher und höher. Schon hast du die Wolken erreicht. Die Wolken glänzen im Licht der Sonnenstrahlen. Aber der Ballon nimmt dich noch weiter mit hinauf. Am Himmel kannst du die Sonne, den Mond und die Sterne sehen. Die Sterne sehen aus wie kleine Spiegel, die den dunklen Teil des Himmels erleuchten. Sie glitzern und funkeln und du kannst ihr fröhliches Lachen hören. Ruhig und sicher fliegt der Luftballon mit dir weiter. Jetzt hast du den Mond erreicht. Hier machst du erst einmal eine Pause. Du landest auf dem Mond. Deine Füße versinken in dem leichten Mondstaub. Auf einem Sessel sitzt eine Frau, die silberne Fäden auf einem

Spinnrad spinnt. Die Fäden gleiten bis zur Erde hinunter und verbreiten ein silbernes Netz über der Welt. Du nimmst einen der Fäden in die Hand und bist überrascht, wie schön weich dieser ist. Die Spinnerin erzählt dir, dass die Fäden die Wünsche und Träume der Menschen sind, die auf die Erde fallen, um sich zu erfüllen. Nachdem du dich ausgeruht hast, geht die Reise weiter zur Sonne. Leuchtend und kraftvoll steht sie am Himmel. Der Luftballon trägt dich so nah wie möglich an die Sonne heran. Du spürst die angenehme Wärme, die deinen ganzen Körper einhüllt. Siehst du, wie wunderschön die Sonne ist. Ihre leuchtenden Arme strecken sich weit in den Himmel hinaus. Sie bringen die Wärme und das Leben in alle Winkel der weiten Welt. Damit du schlafen kannst, wechselt sich die Sonne mit dem Mond ab. Jeder hat 12 Stunden zur Verfügung, in denen er hoch am Himmel stehen kann. Jetzt ist es aber Zeit, sich von der Sonne zu verabschieden. Langsam gleitet der Luftballon in die Tiefe. Du kannst schon das Haus und deine Eltern sehen, die das Bett für dich richten.

Es fühlt sich gut an, wie der Luftballon langsam in die Tiefe sinkt. Sicher beobachten dich dabei auch die Sternenkinder und beneiden dich um die schöne Reise. Als der Ballon im Garten deines Hauses landet, bist du froh, wieder zu Hause angekommen zu sein. Du läufst in das Haus. Das Gras bildet einen weichen Teppich auf dem Boden, der sich frisch und flauschig anfühlt. Durch die lange Reise bist du sehr müde geworden. Du schaust noch einmal auf den Mond, der hell hoch oben am Himmel steht. In den Schatten kannst du die Umrisse der alten Frau mit ihrem Spinnrad erkennen. Sie spinnt gerade einen besonderen silbernen Faden, der bis in dein Zimmer reicht. Er berührt sanft deine Bettdecke und hüllt das ganze Zimmer in ein sanftes Mondlicht. Der Luftballon, der dich durch das Abenteuer getragen hat, hängt mit seiner Schnur am Ende deines Bettes. Auch er ist jetzt müde und möchte schlafen. Greif nach dem silbernen Faden und träume etwas Schönes.

Die Reise zum Ende des Regenbogens

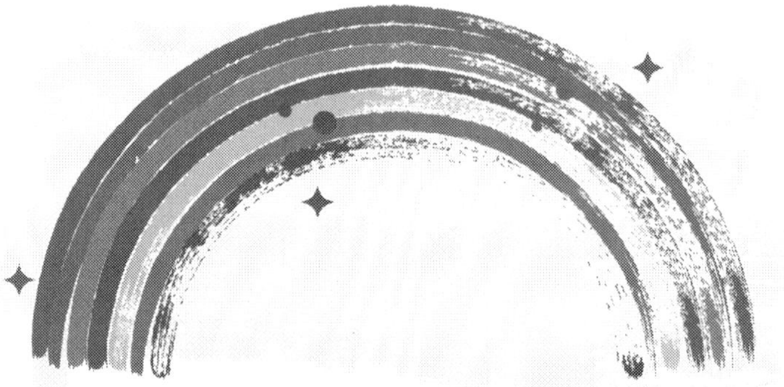

Heute Abend werden du und Ben eine ganz besondere Reise unternehmen. Ihr wandert bis ans Ende eines Regenbogens und sucht dort nach dem Glück. Leg dich nur einmal auf dein Kissen und schließe deine Augen. Kannst du sehen, dass Ben schon auf dich wartet? Leg dich einfach zurück und schon könnt ihr gemeinsam auf die Reise gehen. Vor euch seht ihr einen schönen Regenbogen. Gerade hat die Sonne begonnen, durch ein Loch in der Wolkendecke zu schauen. Das Gras unter euren Füßen ist noch nass vom Regen. Du atmest den frischen Duft der feuchten Natur ein. Schon schauen die Tiere wieder aus ihren Verstecken, um sich von der Sonne wärmen zu lassen. Nur noch ein kurzes Stück, dann haben Ben und du den Regenbogen erreicht. Er spannt sich in schillernden Farben bis hoch in den Himmel hinauf. Du hast das Gefühl vor einer Brücke aus buntem Zuckerguss zu stehen. Eine Biene bringt euch ein Honigtöpfchen vorbei. Der Honig stärkt euch für die Wanderung über den Regenbogen. Jetzt betretet ihr die bunte Brücke. Die Farben spiegeln sich auf euren Füßen. Sie scheinen manchmal rot, dann blau und dann wieder grün zu sein. Jeder Schritt fühlt sich für dich an, als ob du auf einer Wolke gehen würdest. Langsam klettert ihr bis zum höchsten Punkt des Regenbogens. Von hier aus hast du eine schöne Aussicht auf dein Haus und den Garten. Da unten steht deine Mutter und winkt zu dir hinauf. Langsam beginnen Ben und du mit dem Abstieg. Eigentlich können wir auch rutschen, meint Ben. Das geht nicht nur schneller, es ist sicher auch lustig. Gemeinsam setzt ihr euch auf den bunten Boden. Eine witzige Rutschpartie beginnt. Schnell und immer schneller geht die Fahrt. In kurzer Zeit habt ihr das Ende des Regenbogens erreicht. Direkt dort, wo der Regenbogen die Erde berührt, liegt ein Topf, der bis zum Rand mit Glück angefüllt ist. Du füllst das Glück in die Taschen deiner Hose. Es fühlt sich leicht und gar nicht schwer an. Als ihr eure Taschen gefüllt habt, macht ihr euch auf den Rückweg zu deinem Haus. Bevor ihr mit dem Aufstieg beginnt, begegnet euch eine alte Eule. Sie bietet euch an, auf ihren Rücken zu steigen. Du hältst dich an den weichen Federn der Eule fest. Sicher sitzt du mit Ben zwischen den Flügeln, die langsam und gleichmäßig auf und ab schlagen. Es ist schön, mit der Eule zu fliegen. Die Luft umfächelt dein Gesicht und deine müden Füße können sich ausruhen. Die Eule landet sanft im Garten. Nachdem du dich von der Eule verabschiedet hast, läufst du in das Haus. Du bist schon sehr müde und legst dich gleich in dein weiches Bett. Es fühlt sich ein wenig wie das Federkleid der Eule an. Die Augen fallen dir zu und du schläfst ganz schnell ein. Schlaf gut und träum schön.

ELTERNBOX

Wie können Kinder dem Alltagsstress durch Fantasiereisen entkommen?

Die Fantasiereise nimmt das Kind an einen schönen und ruhigen Ort mit. Bei einer Reise, die ausschließlich im Kopf stattfindet, werden an dein Kind keine Anforderungen gestellt. Es kann sich ausschließlich den angenehmen Gefühlen und dem Erlebnis hingeben. Die Orte sind so aufgebaut, dass dein Kind keine Angst empfindet. Alle Lebewesen, die in den Geschichten vorkommen, sind freundlich. Dadurch fasst das Kind Vertrauen. Es kann unangenehme Erlebnisse ausblenden und sich immer wieder an einen ruhigen Ort zurückziehen. Dadurch wird der Alltagsstress abgebaut. Hat dein Kind die Technik der Fantasiereise einmal erlernt, ist es auch selber in der Lage, in unangenehmen Situationen einen sicheren Rückzugsort aufzusuchen. Ab einem Alter von sechs Jahren sind die meisten Kinder in der Lage, mit etwas Anleitung durch die Eltern, Stress auf diese Weise abzubauen. Die Neuronen im Gehirn werden nicht mehr durch die ständigen Impulse überlastet. Das Kind lernt, sich der Reizüberflutung rechtzeitig zu entziehen.

Nimm dein Kind immer wieder auf eine Fantasiereise mit. Du kannst schon im Babyalter mit diesen Traumreisen beginnen. Auch wenn dein Kind noch zu klein ist, um die Worte zu verstehen, wird es durch deine sanfte Stimme beruhigt. Setze bei Babys immer wieder angenehme Berührungsreize ein, auf die sich dein Kind problemlos konzentrieren kann. Dazu kannst du weiche Handtücher, Federn, Watte oder eine kuschelige Decke verwenden. Sobald dein Kind einige Monate alt ist, kannst du ihm mit einer Schmusedecke einen ständigen Begleiter mitgeben.

Ausflug ins Weltall

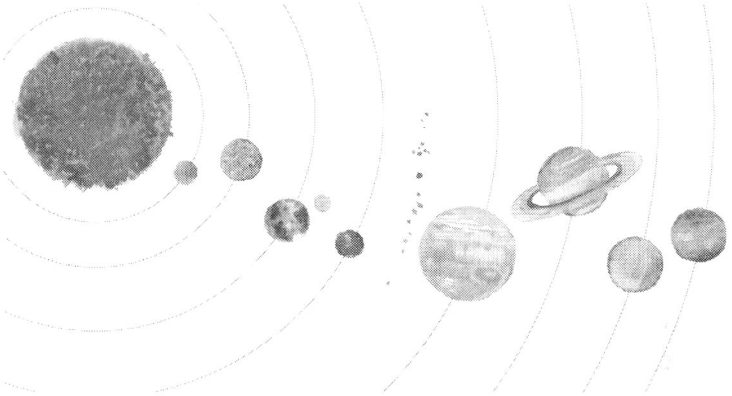

Setze dich zu mir und nimm dein Kuscheltier in den Arm. Heute unternehmen Ben und du eine Reise in das Weltall. Stell dir vor, dass du mit Ben in einer Rakete sitzt. Die Motoren vibrieren und mit einem lauten Geräusch startet die Rakete. Du fühlst, wie dein Körper ganz schwer wird und im Sitz versinkt. Sobald ihr die Erde verlassen habt, fällt die Schwere von euch ab. Ihr seid leicht und könnt schwerelos in der Rakete herumschweben. Da ist schon der Mond. Von der Rakete aus könnt ihr die Gebirge und die Täler auf der Oberfläche gut erkennen. Damit ihr einen Ausflug in das Weltall unternehmen könnt, hält die Rakete kurz an. Du steigst in einen Raumanzug und setzt den Helm auf. Als sich die Luke öffnet, schwebst du hinaus. Die Sterne leuchten hell und auch die Sonne wirft ihre Strahlenarme weit in den Weltraum hinaus. Es fühlt sich gut an, leicht und schwerelos zu schweben. Du fühlst dich befreit. Doch ihr wollt ja noch weiter. Hinter der Venus liegt ein kleiner Planet, den ihr erforschen wollt. Die Rakete landet sicher auf dem Planeten. Hier könnt ihr einfach aussteigen. Die Lufthülle ermöglicht euch ein normales Atmen. Du bist sofort von den Farben des Himmels fasziniert. Die Luft ist rosa und weiß gefärbt. Blaue Tiere, die den Schmetterlingen ähnlich sehen, fliegen von Blume zu Blume. Alle Pflanzen sind hier sehr groß und blühen in den prächtigsten Farben. Eine Gruppe von Außerirdischen hat euch entdeckt und begrüßt euch freundlich. Ihre Haut ist blau gefärbt. Die Finger der Hände sind sehr lang. An den Enden sitzen Saugnäpfe. Die außerirdischen Wesen geben Ben und dir die Hand. Dabei saugen sich die Finger ganz leicht an eurer Haut fest. Das ist aber überhaupt nicht unangenehm. Es fühlt sich eher so an, als würde eine Feder deine Hand kitzeln. Die Außerirdischen wohnen in richtigen Städten. Die Häuser sind grüne, runde Kugeln und bieten im Inneren reichlich Platz für die ganze Familie. Zu jedem Haus gehört ein Flugauto, mit dem die Außerirdischen auch an entferntere Orte reisen können. Jetzt geht es wieder zurück zu eurer Rakete. Zum Abschied schwenken die Bewohner des Planeten bunte Blumen. Aus den Fenstern der Rakete kannst du sehen, wie die untergehende Sonne breite grüne Streifen auf den Himmel zeichnet. Weiter geht der Flug. Ihr fliegt an den nächsten Himmelskörpern vorbei und kommt zu der Sonne. Sie hat ihre schönste Krone aufgesetzt. Die langen Strahlen funkeln golden. Dir wird bei dem Lachen der Sonne ganz warm. Die Rakete wendet und fliegt in einem weiten Bogen zurück. Wie schön die Erde von hier aussieht. Sie leuchtet in blauen und grünen Farben. Als ihr näher kommt, kannst du die Lichter der großen Städte erkennen. Sie überziehen die Erde mit einem schönen Funkeln. Sicher landet die Rakete auf dem Platz vor deinem Haus. Du bist froh, wieder zu Hause zu sein und läufst schnell hinein. Öffne jetzt deine Augen und schaue auf die Sterne, die durch das Fenster leuchten.

Mit dem Segelschiff auf einem See

Schließe deine Augen und denke an einen wunderschönen See. Kannst du das blaugrüne Wasser sehen? Kleine Wellen sprudeln an das Ufer. Direkt vor dir liegt ein schönes Holzboot mit einem weißen Segel. Du gehst mit Marie und Ben an Bord. Spürst du das Schaukeln des Bootes im klaren Wasser? Jetzt kommt Wind auf. Der Wind füllt das Segel. Es bläht sich auf und das Segelboot gleitet langsam über das Wasser. Die Sonne wärmt deine Haut. Ab und zu spritzen Wassertropfen auf deine Hände und in dein Gesicht. Damit du nicht von der Sonne geblendet wirst, setzt du eine Sonnenbrille auf. Es fühlt sich schön an, ruhig und entspannt mit dem Boot über das Wasser des Sees zu gleiten. Schau doch einmal über den Bordrand. In der Tiefe kannst du viele Fische sehen, die das Boot begleiten. Sie schwimmen langsam um das Boot herum. Streu doch etwas Futter in das Wasser. Die Fische kommen bis an die Oberfläche. Vor dem Boot siehst du zwei Schwäne, die majestätisch über das Wasser gleiten. Ruhig und gleichmäßig paddeln ihre Füße. Die Schwäne schwimmen dicht an das Segelboot heran. Du kannst fast in ihr Federkleid greifen. Jetzt kommt ein stärkerer Wind auf. Das Segelboot gleitet schneller durch die Wellen. Du sitzt ganz entspannt im Boot und genießt es, dass der Wind das Schiff ohne Kraft durch die Wellen trägt. Marie und Ben zeigen dir einige Enten, die auf der Suche nach Futter ganz nah an das Boot herankommen. Gemeinsam mit Marie fütterst du die Enten. Fröhlich schnattern diese vor sich hin. Ben steuert das Segelboot jetzt wieder in Richtung des Ufers. Langsam kommt der Hafen wieder näher. Du genießt noch die letzten Strahlen der Sonne und das sanfte Schaukeln des Bootes. Die untergehende Sonne lässt das Wasser teilweise rot leuchten. Jetzt legt das Segelschiff an. Du gehst mit Marie und Ben von Bord. Der feste Boden fühlt sich gut unter deinen Füßen an. Erinnere dich an die Geborgenheit, die du bei dem sanften Schaukeln der Wellen empfunden hast. Kehre langsam in deinen Körper zurück. Bewege deine Beine und ahme mit ihnen die Bewegungen des Wassers nach. Atme tief ein und aus und bewege jetzt auch deine Hände. Passe den Rhythmus deines Atmens den Wellen des Wassers an. Du kannst jetzt die Augen öffnen. Du fühlst dich entspannt und ruhig. Du hörst noch immer das Plätschern der Wellen, die leicht gegen den Rumpf des Segelbootes schlagen.

Fliegen mit dem Wind

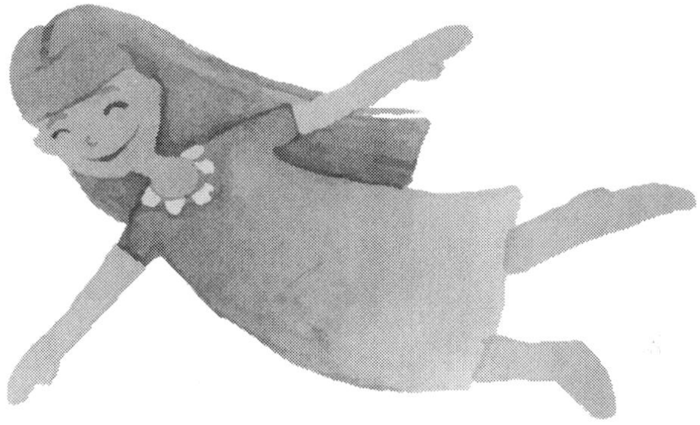

Heute fliegst du mit dem Wind. Leg dich dazu entspannt hin und schließe deine Augen. Zuerst holt dich ein milder Südwind, der als warmes Lüftchen in dein Zimmer kommt, ab. Er trägt dich weit hinauf in die Luft. Du fühlst dich in den Armen des Windes sicher und geborgen. Immer höher steigt ihr hinauf, bis die anderen Menschen auf der Erde nur mehr als kleine Punkte sichtbar sind. Auch Marie ist von dem Südwind auf die Reise mitgenommen worden. Die schaukelnden Bewegungen während des Fluges findest du besonders angenehm. In der Tiefe siehst du schöne Landschaften mit Bergen und Seen vorbeiziehen. Auf den höchsten Gipfeln der Berge liegt Schnee, der weiß und silbern glitzert. Die Berge schauen wie mit Puderzucker bestäubt aus. Gleich kommst du im Haus des Windes an. Seine Frau hat schon Decken vorbereitet, damit du dich mit Marie von dem Flug ausruhen kannst. Sobald du dich in eine weiche Decke gewickelt hast, beginnt der Wind, dir Geschichten aus anderen Ländern zu erzählen. Der Wind nimmt dich mit auf Tanzfeste, bei denen er die Röcke der Mädchen hochwirbelt und den Burschen die Hüte vom Kopf bläst. Plötzlich klopft es heftig an der Tür. Der Nordwind ist gekommen, um mit Marie und dir weiterzufliegen. Damit euch nicht kalt wird, bekommt ihr von der Frau des Windes noch ein warmes Fell zum Zudecken. Eingewickelt in das flauschige Fell geht es schnell hoch in die Lüfte. Hui, wie das bläst. Das ist eine ganz andere Reise als mit dem Südwind. Viel schneller. Du spürst kleine Eiskristalle, die sich in deinem Gesicht festsetzen. Tief kuschelst du deine Nase in das Fell. Jetzt wird dir ganz warm. Du fühlst dich sicher und lässt dich gerne vom Nordwind tragen. Auf der Spitze eines Berges hält der Wind an, um dir zu zeigen, wie schön die Sonne die Berge beleuchtet. Die Schneekristalle glitzern in wunderschönen Formen. Jeder Kristall ist genauso einzigartig wie du selbst. Du tauchst deine Hände tief in den weichen Schnee und formst einen Schneeball. Schnell entwickelt sich eine lustige Schneeballschlacht mit Marie und dem Nordwind. Du fühlst, wie der Schnee in deinen Haaren hängen bleibt. Puff, schon wieder hat dich ein Schneeball getroffen. Dann geht die Reise auch schon wieder weiter. Der Wind fliegt jetzt langsamer und du spürst die schaukelnden Bewegungen. Bei deinem Haus setzt der Wind dich und Marie sanft ab. Du verabschiedest dich und gehst hinein zu deinen Eltern. In deinem Zimmer spürst du die Wärme und Zuneigung deiner Mutter. Du bist wieder zu Hause angekommen. Beginne langsam, deine Finger zu bewegen. Du kannst noch immer den Wind spüren, wie er lustig mit deinen Haaren spielt. Öffne jetzt langsam deine Augen. Du fühlst dich sicher. Die Arme deiner Mutter umfangen dich wie die Arme des Windes. Du bist entspannt und kannst dich fallen lassen. Nichts kann dir mehr etwas anhaben. Alle Probleme sind in weite Ferne gerückt. Jetzt kannst du dich aufrichten. Dein ganzer Körper bleibt entspannt. Du fühlst dich glücklich.

Eine Blume wächst heran

Du kannst gerade nicht einschlafen? Dann leg dich gemütlich zurück und ich gehe mit dir auf eine Fantasiereise. Stell dir vor, du bist ein junges Samenkorn. Mit deinem kleinen Schirmchen fliegst du mit dem Wind um die Wette. Konzentriere dich doch einmal auf die sanften Bewegungen, mit denen dich der Wind immer weiter weg von deinem Ursprungsort trägt. Sobald du einen schönen Platz gefunden hast, landest du sanft auf der Erde. Du wirfst dein Schirmchen ab. Die Erde fühlt sich warm an. Du sinkst zwischen den Erdkrümeln ein. In diesem warmen Bett wirst du schlafen, bis dich die Sonne wieder weckt. Und schon ist es soweit. Du fühlst, wie die warmen Sonnenstrahlen deine Kräfte wecken. Aus dem kleinen Samenkorn wächst eine grüne Spitze heraus. Langsam arbeitest du dich bis an die Oberfläche heran. Schon kannst du ein Stück aus der Erde hervorschauen. Platsch. Was hat dich denn da getroffen? Es ist ein Regentropfen, der deinen Durst stillt. Mit der Zeit wirst du immer größer und streckst deine Arme der Sonne entgegen. Rund um dich herum blühen viele andere Blumen. An deinem Körper bilden sich grüne Blätter, die dich in der Nacht einhüllen. Manchmal kommen dich auch die Insekten des Gartens besuchen. Sie erzählen dir alles, was sich auf der Wiese zugetragen hat. Besonders befreundet bist du mit einer kleinen Biene, die auch ihre ersten Erfahrungen macht. Du bist jetzt groß genug gewachsen. Spürst du noch, wie du dich immer mehr strecken wolltest? An deiner Spitze sind mehrere grüne Knospen entstanden. Nach einigen Tagen brechen die grünen Blätter auf und es kommen schöne, bunte Blütenblätter zum Vorschein. Du entfaltest dein Blütenkleid und streichst es mit deinen Blättern glatt. Genieße den Wind, der dich immer wieder umgibt. Die Vögel zwitschern fröhlich und die Bienen besuchen dich immer wieder. Gerne teilst du mit ihnen den Nektar. Sie werden daraus in ihrem Bienenstock Honig herstellen. Wenn eine Biene gelandet ist, lädt sie reichlich Blütenstaub auf ihren Körper. Sie schimmert dann ganz gelb im Sonnenlicht. Kleine Insekten schlafen sogar zwischen deinen Blütenblättern. Du freust dich immer, wenn sie dir in der Nacht Gesellschaft leisten. Jeden Morgen weckst du sie, damit sie in den Tautropfen, die auf deinen Blütenblättern liegen, baden können. Manchmal kommen auch Menschen vorbei, die deine Schönheit bewundern und sanft über deine Blüten streicheln. Langsam spürst du, wie die Tage kürzer werden. Du bildest viele Samenkörner, die in die anderen Gärten geweht werden. Deine Blüten verströmen einen herrlichen Duft. Ein Mädchen, das vorbeikommt, pflückt dich, um dich seiner Mutter mitzubringen. Dort wirst du in eine schöne Vase gestellt und schmückst den Tisch. Immer wenn die Menschen um den Tisch herum sitzen, freuen sie sich über deinen Duft. Und auch die Bienen kommen dich immer wieder besuchen. Die Tage sind immer sehr aufregend, da du so viel über neue Dinge erfährst. Du bist schon sehr müde und faltest deine Blütenblätter ein, um schlafen zu gehen. Das Licht wird gedämpft und du schläfst ein, um am nächsten Tag wieder erfrischt aufzuwachen. Während du schläfst, träumst du von den neuen Plätzen, an denen du als Samenkorn wieder deine Wurzeln schlagen wirst.

Die Sternenschule

Kannst du nicht einschlafen? Dann wollen wir doch einmal die Schule der Sternenkinder besuchen. Ben kann gerne mitkommen. Denn dann wird die Reise noch lustiger. Schließe einfach die Augen und atme ganz ruhig ein und aus. Du fühlst dich wohl und entspannt. Der Mond schickt dir sein silbernes Licht bis an dein Bett. In dem Lichtstrahl kannst du eine weiße Kutsche erkennen, die von weißen Pferden gezogen wird. Du steigst mit Ben in die Kutsche ein. Die Pferde beginnen zu laufen. Langsam erhebt sich die Kutsche in die Luft. Du hörst die Pferde schnauben. Die Sterne kommen immer näher. Ihr funkelndes Licht erhellt gemeinsam mit dem Licht des Mondes euren Weg. Direkt an der Schule hält die Kutsche. Ben und du steigen aus der Kutsche und gehen in die Schule hinein. Hier sitzen die Sternenkinder auf den Bänken. Sie schauen auf eine große Schultafel. Schließlich müssen auch Sternenkinder etwas lernen. Die Lehrerin lädt Ben und dich ein, am Unterricht teilzunehmen. Heute erzählt die Lehrerin etwas über das Leben der Sterne. Aufmerksam lauschen alle dem

Unterricht. In der Pause werden lustige Spiele veranstaltet. Die kleinen Sterne spielen Fangen. Sie laufen über die Milchstraße. Immer wenn dich ein Sternenkind berührt, spürst du ein feines Kitzeln. Dann ist der Unterricht auch schon zu Ende. Die weiße Kutsche wartet schon auf dich und Ben. Heute hast du viel über das Leben im Himmel erfahren. Der Unterricht hat dich müde gemacht. Die bequemen Polster der Kutsche laden dich dazu ein, einzuschlafen. Das Schaukeln verstärkt deine Müdigkeit noch und die Augen fallen dir zu. Die Pferde laufen ganz langsam und vorsichtig, damit sie deinen Schlaf nicht stören. Schon seid ihr am Ende der Milchstraße angekommen. Die Kutsche verliert langsam an Höhe. Sanft setzen die Hufe der Pferde auf dem Weg auf. Jetzt müssen sie nur noch eine kurze Strecke bis zu deinem Haus laufen. Du bist schon sehr müde. Ben verabschiedet sich. Der Kutscher trägt dich bis zu deinem Bett. Hier kannst du weiter träumen von den kleinen Sternen, die in die Schule gehen. Wenn du aus deinem Fenster schaust, kannst du sehen, wie sie munter vor sich hin funkeln. Und wenn die Sterne lachen, beginnen sie ganz hell zu leuchten. So senden dir die Sternenkinder jede Nacht einen kleinen, lieben Gruß auf die Erde. Und manchmal kommt dich eines der Sternenkinder auch besuchen. Es springt von der Milchstraße. Mit einem leuchtenden Schweif gelangt es bis zur Erde und landet sicher in deinem Garten. Die Sternschnuppen bringen das Glück auf die Erde. Sie besuchen dich, während du schläfst und spielen mit dir. Mach also die Augen zu und schlaf schnell ein, damit die kleinen Sternenkinder zu dir in dein Zimmer kommen können.

Ein Tag mit den Gartenzwergen

Direkt bei dem kleinen Teich im Garten stehen die Häuser der Gartenzwerge. Lege dich auf das Sofa und stelle dir vor, dass du den Gartenzwergen einen Besuch abstattest. Du gehst über den kleinen, versteckten Kiesweg, der vorbei an den Rosenbäumchen direkt zum Teich führt. Kannst du den Duft der blühenden Rosen riechen? Schmetterlinge, Bienen und Hummeln umschwirren die Blüten. Sie trinken den Nektar der Rosen und sammeln Blütenpollen für ihr Honigtöpfchen. Als erstes begegnet dir ein Gartenzwerg, der einen großen Korb auf seinen Schultern trägt. Er ist auf der Suche nach frischen Pilzen für das Abendessen. Ein paar Schritte weiter stehen einige Häuser. Das erste hat die Form eines großen Fliegenpilzes. Kannst du den roten Hut mit den weißen Punkten sehen. Vor dem Häuschen steht eine gemütliche Bank. Hier sitzt Großvater Zwerg. Er hat einen langen weißen Bart und trägt auf dem Kopf eine blaue Zipfelmütze. Neben ihm liegt eine schwarze Katze. Sie lässt sich die Sonne auf das Fell scheinen und schnurrt leise. Strecke deine Hand aus und streichle die Katze. Fühlst du das weiche und warme Fell? Zufrieden leckt die Katze deine Hand. Ihre Zunge ist zart und rau zugleich. Jetzt gehst du weiter zu dem nächsten Häuschen. Hier arbeitet der Bäcker-Zwerg, der frische Brote für die anderen Zwerge backt. Das weiße Mehl hat den Tisch in dem Haus mit einer leichten Staubschicht überzogen. Der Ofen glüht und die Brote duften verführerisch. Bleib doch kurz stehen und genieße den Duft der frischen Brote. In dem kleinen Fachwerkhäuschen befindet sich ein Kaufmannsladen. Schaue einmal durch die kleinen Fenster. Die Waren sind ordentlich in die Regale geschichtet. An der Wand stapeln sich kleine Kisten mit Obst und Gemüse. Jetzt hast du den Teich erreicht. Hier sitzt ein Gartenzwerg, der seine Angel in den Teich gehängt hat. Seine Zipfelmütze wackelt im Wind. Du setzt dich neben den Zwerg und lässt deine Füße in das Wasser hängen. Spürst du die angenehme Kühle? Ein Goldfisch schwimmt vorbei und streckt seinen Mund aus dem Wasser. Du streust einige Bröckchen des frischen Brotes in das Wasser. Der Fisch sammelt das Brot auf und streicht dabei um deine Füße. Zart berühren seine Flossen deine Haut. Auf der Wiese neben den Häusern spielen Zwergenkinder mit einem bunten Ball. Du läufst zu ihnen und spielst mit. Ausgelassen wird der Ball geworfen. Ein kleiner Hund beteiligt sich an dem Vergnügen. Er bellt leise und fordert dich auf, den Ball auch in seine Richtung zu werfen. Die Spatzen, die sich durch das Ballspiel gestört fühlen, zwitschern ganz aufgeregt. Sie sitzen auf dem Brunnenrand und schwingen ihre Federn auf und ab. Hinter den Vögeln sitzt ein Frosch, der auf eine goldene Kugel aufpasst. Er wartet auf die Prinzessin, doch die hat sich anscheinend verspätet. Du verabschiedest dich und gehst zu deinem Haus zurück. Das war doch ein schöner und unterhaltsamer Tag. Müde schlüpfst du unter die Bettdecke. Das Bett ist schön warm und weich. Diese Nacht kannst du von weiteren Abenteuern mit den Zwergen träumen.

Das Sandmännchen

Du liegst bequem in deinem Bett und kuschelst dich unter die Decke. Das fühlt sich angenehm weich und warm an. Schließe jetzt deine Augen. Sobald du sie zugemacht hast, wird dich ein Sandmännchen besuchen kommen. Und da huscht es schon schnell durch das Fenster herein. Das Sandmännchen ist in einen blauen Mantel gekleidet. Es trägt eine Zipfelmütze auf dem Kopf. In seiner Hand hält es ein kleines Säckchen, in dem sich Traumstaub befindet. Jetzt springt das kleine Männchen auf dein Bett. Es streut dir den goldenen Staub in die Augen. Das ist gar nicht unangenehm, sondern kitzelt nur ein wenig. Du fühlst wie deine Arme und Beine immer schwerer werden. Du kannst die Augen kaum mehr öffnen. Vor dir befindet sich ein schönes Licht. Marie kommt zu dir und nimmt dich mit auf die Reise in das Traumland. Direkt vor dir siehst du einen schönen Garten. Hier wachsen viele bunte Blumen. Schmetterlinge tanzen zwischen den Blüten. Einer kommt ganz nah an dich heran und setzt sich auf deine Hand. Du spürst die Bewegungen der kleinen Füße auf deiner Haut. Vorsichtig hebst du die Hand, um den Schmetterling genauer zu betrachten. Er hat weiße Flügel mit blauen Punkten. Mit seinem Kleid wirkt er besonders elegant. Auf den Flügeln des Schmetterlings kannst du eine zarte, samtige Schicht erkennen, die dem Traumstaub des Sandmännchens gleicht. Wie die Schmetterlinge beginnen Marie und du durch die Luft zu schweben. Das leicht schaukelnde Gefühl entspannt dich immer mehr. Du lässt dich einfach von dem leichten Wind treiben. So kannst du ohne jede Anstrengung den ganzen Garten durchqueren. Du kommst mit Marie zu einer Vogeltränke, die wie ein kleiner Brunnen gebaut ist. In dem frischen Wasser, das in ein Becken sprudelt, erfrischen sich die Vögel. Auch die Bienen und Schmetterlinge kommen gerne her, um zu trinken und ihre Flügel zu pflegen. Einige baden sogar in dem Wasserbecken. Das ist ein lustiges Gespritze und Gezwitscher. Das Plätschern des Wassers wirkt sehr beruhigend auf dich. Du empfindest keine Angst und Unruhe mehr. Der Wind treibt dich und Marie immer weiter. Jetzt habt ihr fast den ganzen Garten umrundet. In der Wildrosen-Hecke entdeckst du ein Vogelnest. In ihm liegen viele kleine, braun gesprenkelte Eier. Die Vogelmutter wärmt die Eier mit ihren Federn. Der Vater bringt gerade einen frischen Wurm vorbei. Du fühlst dich müde und kannst kaum mehr die Augen offen halten. Da bietet sich der blühende Kirschbaum als Rastplatz an. Kuschle dich in eine der weiß-rosa Blüten. Du liegst weich wie in einem Federbett. Marie deckt dich mit einem großen Blatt zu. Die Bienen, die eifrig den Honig aus den Blüten sammeln, summen dir ein schönes Schlaflied. Damit dir nicht zu warm wird, fächeln dir die Schmetterlinge mit ihren Flügeln frische Luft zu. Du kuschelst dich ganz tief in dein Blütenbett. Deine Augen werden immer schwerer. Dein ganzer Körper fühlt sich schwer und müde an. Schließlich fallen dir die Augen ganz zu. Und schon bist Du eingeschlafen und wanderst noch einmal durch das Traumland. Der Traumstaub des Sandmännchens lässt dich bis zum Morgen tief schlafen.

ELTERNBOX

Einschlafhilfe für Kinder

Bis zu einem Alter von vier Jahren haben viele Kinder Probleme, in der Nacht durchzuschlafen. Sind sie einmal aufgewacht, ist ein neuerliches schnelles Einschlafen kaum möglich. Zu viele Reize können auch in der Nacht das Kind überfordern. Ab fünf Jahren schläft ein Kind meistens die Nacht durch. Das Zubettgehen und das Einschlafen können allerdings Probleme bereiten.

Du solltest besonders darauf achten, dass sich keine schlechten Gewohnheiten etablieren. Herumtragen in Ausnahmesituationen ist durchaus angebracht. Wird dies aber zu einem täglichen Ritual für das Einschlafen, sind die Eltern schnell überfordert. Hat sich dein Kind an diese Rituale gewöhnt, werden sie immer wieder eingefordert. Dabei ist es egal, ob es am frühen Abend oder mitten in der Nacht vermeintlich notwendig ist. Durch den gestörten Schlaf werden auch die Eltern gestresst.

Damit dein Kind besser einschlafen kann, kannst du ihm Bücher vorlesen, die an das jeweilige Alter angepasst sind. Aber nicht alle Geschichten sind dazu geeignet, dein Kind zur Ruhe kommen zu lassen. Es fiebert bei den Abenteuern mit und möchte immer noch mehr vorgelesen bekommen. Einfacher ist es, eine Fantasiereise einzusetzen. Mit diesen Gedankenreisen lernt dein Kind, sich zu entspannen und leichter einzuschlafen.

Die Reise des Wassers

Heute wirst du mit dem Wasser reisen. Leg dich hin und schließe deine Augen. Hörst du, wie der Regen draußen vom Himmel fällt? Die Wassertropfen nehmen dich und Marie mit auf ihre Reise. Gemeinsam sitzt ihr in einer dicken, grauen Regenwolke. Die Wolke schließt euch wie Watte ein. Es ist Zeit. Kommt, rufen die anderen Regentropfen. Gemeinsam springt ihr über den Rand der Wolke und tanzt mit den anderen Tropfen durch die Luft. Das fühlt sich sehr unbekümmert an. Langsam nähert ihr euch dem Erdboden. Damit ihr die Reise durch die Erde mitmachen könnt, werdet ihr von den Regentropfen eingehüllt. Kaum auf dem Boden angekommen, geht es schon tiefer und tiefer. Es wird immer ruhiger um dich und Marie. Das Wasser dringt immer weiter in den Boden ein. Vor euch leuchtet eine schimmernde Spur in den Steinen. Plötzlich seid ihr in einer großen Höhle angelangt. Alle Wassertropfen sammeln sich in einem unterirdischen See. Lass dich einfach vom Wasser tragen. Schaukle gemeinsam mit Marie in den Wellen. Die Strömung des Wassers trägt euch immer weiter. Du schwimmst durch Tropfsteinhöhlen, die wie unterirdische Schlösser aussehen. Obwohl du dich unter der Erde befindest, ist alles in ein angenehmes Licht getaucht. Manchmal leuchten die Wände der Höhlen geheimnisvoll blau und grün. Vor euch taucht ein helles Licht auf. Es ist die Sonne. Jetzt sprudelt die Quelle an die Oberfläche. Das klare Wasser ist mit lustigen, tanzenden Bläschen durchsetzt. Es sprudelt munter über die Steine dahin. Immer weiter geht der Weg. Auf den Felsen kannst du wieder Pflanzen sehen. Die Quelle ist jetzt zu einem kleinen Bach geworden, der durch einen Wald fließt. Die Bäume stehen ruhig am Ufer. Eichhörnchen und andere Waldtiere huschen an Marie und dir vorbei. Ihr wollt euch aber nicht aufhalten, sondern lasst euch weiter von dem Wasser treiben. Der Bach wird immer breiter und tiefer. Er fließt als Strom durch große Städte. Marie und du beobachten die Menschen, die sich am Ufer des Flusses aufhalten. Nachdem ihr noch einige Zeit geschwommen seid, fällt dir auf, dass das Wasser leicht salzig wird. Kannst du den Geschmack auf deiner Zunge spüren? Du lässt dich weiter treiben. Vor dir tauchen einige größere Boote auf. Sie fliegen mit geblähten Segeln über das Wasser. Fische schwimmen an dir vorbei. Sie erzählen dir, dass ihr im großen Meer angekommen seid. Die Wellen sind jetzt etwas höher geworden. Sie haben an ihrer Spitze lustige Schaumkronen. Lasst euch mit den Wellen an das Ufer tragen. Du steigst mit Marie aus dem Wasser. Deine Haut ist noch ganz nass. Sie wird aber schnell von der Sonne getrocknet. Mit den verdunstenden Wassertropfen steigt ihr hoch hinauf bis zu einer großen, weißen Wolke. Diese trägt euch wieder zurück bis zu deinem Haus. Gib dich einfach dem Wind hin und lass dich von ihm in die Ferne tragen. Er wird dich sicher nach Hause zurückbringen. Auf ihrer Reise nimmt die Wolke immer mehr Wasser auf. Sie wird schwerer und kann ihre Last kaum mehr tragen. Sobald du dein Haus erreicht hast, beginnt es wieder zu regnen. Du kehrst mit Marie und den Wassertropfen wieder auf die Erde zurück. Müde von der Reise schläfst du friedlich in deinem Bett ein.

Blütenreise

Setze dich auf dein Bett und schließe deine Augen. Konzentriere dich auf deine Arme und Beine, die langsam ganz schwer werden. Versuche, deine Gedanken loszulassen. Schau, da kommt eine dicke Hummel vorbei. Hallo, ruft die Hummel. Möchtest du mich auf meinem Flug zu den Blumen begleiten? Sie befestigt zwei durchsichtige Flügel auf deinem Rücken. Jetzt kannst du genauso fliegen wie die Hummel. Gemeinsam beginnt ihr über die Wiese zu schweben. Während des Fluges stellt dir die Hummel einige lustige Käfer vor, die zwischen den Grashalmen krabbeln. Du landest mit der Hummel in den lila Blüten einer großen Glockenblume. Beginne jetzt langsam mit der Blüte zu schaukeln. Spürst du das angenehme, wiegende Gefühl? Die Hummel zeigt dir, wo sich der Nektar befindet. Der schmeckt angenehm süß. Gleich neben der Glockenblume steht eine Margerite. Sie streckt ihre weißen Blütenblätter den Sonnenstrahlen entgegen. Ein Marienkäfer sitzt auf der Blume und wärmt seine Flügel. Seine schwarzen Punkte glänzen auf dem leuchtend roten Rücken. Der Marienkäfer ist besonders stolz auf sein buntes Aussehen. Er hält sich für den schönsten Käfer der Wiese. Nachdem du eine Weile mit ihm geplaudert hast, möchte die Hummel weiterfliegen. Schließlich wollt ihr noch die Rosen am Rand der Wiese besuchen. Du kannst die großen Blütenblätter schon sehen. Gemeinsam mit der Hummel landest du auf einer Rose. Du spürst die samtigen Blütenblätter unter deinen Füßen. Im Inneren der Blume befinden sich einige glitzernde Tautropfen. Komm, lass uns etwas trinken, sagt die Hummel. Du nimmst einen Schluck von dem klaren Blütenwasser. Es erfrischt dich und stillt sofort deinen Durst. Du findest es angenehm, in den weichen Blütenblättern zu sitzen. Von hier aus kannst du das rege Leben auf der Wiese genau beobachten. Die Hummel hat sich in die Rosenblüte zurückgezogen. Sie ist müde und möchte ein kleines Nickerchen machen. Die Rose schließt ihre Blütenblätter um dich und die Hummel und beschützt euch so vor der Sonne. Im Inneren ist es angenehm kühl. Ein Rütteln an der Blüte weckt dich und die Hummel. Du schaust nach, wer die Bewegungen verursacht. Es ist der Marienkäfer, der gekommen ist, um dir seine Familie vorzustellen. Die kleinen Marienkäfer nehmen dich mit und tanzen mit dir in der Luft. Das ist lustig. Du spielst mit den kleinen Käfern fangen. Jedes Mal, wenn du einen berührst, kitzelt er dich mit seinen kleinen Fühlern. Du musst laut lachen. Dadurch wacht die Hummel auf. Sie mahnt zum Aufbruch. Gemeinsam fliegt ihr nach Hause. Die Marienkäfer begleiten euch noch bis zum Rand der Wiese. Dann bleiben sie zurück und suchen sich neue Blumen zum Spielen. Du genießt den Flug und atmest noch einmal den frischen Duft von Blumen und Gras ein. Zu Hause entfernt die Hummel die Flügel von deinem Rücken. Du kannst es dir wieder bequem machen. Langsam beginnst du, deine Beine und Arme zu bewegen. Dabei erinnerst du dich noch immer an das schöne Gefühl, durch die Luft zu fliegen. Öffne jetzt deine Augen. Vielleicht kannst du noch die Hummel sehen, die gerade aus dem Fenster fliegt, um die nächsten Blumen zu besuchen.

Eine Rodelpartie im Winter

Der Schnee glitzert so schön in der Sonne. Komm, lass uns eine Rodelpartie machen, schlägt Ben vor. Du nimmst die Schnur deines Schlittens und beginnst mit Ben auf den Hügel zu steigen. Oben angekommen, schaust du dich zuerst um. Es ist ein traumhafter Wintertag. Die ganze Landschaft ist mit Schnee bedeckt. Vereinzelt kannst du die Spuren von Schlitten sehen. Du setzt dich mit Ben auf den Schlitten. Nur noch schnell Schwung holen. Schon gleitet ihr den Hang hinunter. Der Wind beginnt, mit deinen Haaren zu spielen. Immer schneller wird die Fahrt. Gemeinsam mit Ben genießt du das Gefühl der Freiheit. Der Schnee bildet während der Fahrt leichte Wolken, die sich nach beiden Seiten hin ausbreiten. Schon seid ihr am Ende des Hanges angekommen. Hier steht ein großer

Schneemann, der als Nase eine Karotte im Gesicht trägt. Ben bindet dem Schneemann noch einen bunten Schal um den Hals. Einige Kinder laden euch zu einer Schneeballschlacht ein. Gerne beteiligt ihr euch an dem fröhlichen Treiben. Du fühlst dich einfach nur glücklich. Langsam taucht die untergehende Sonne die Schneefläche in sanftes Rosa. Du freust dich schon auf das Kaminfeuer in deinem Haus. Deine Mutter hat für Ben und dich Bratäpfel vorbereitet. Der Geruch der süßen Äpfel, die mit Nüssen und Rosinen gefüllt sind, zieht durch das ganze Haus. Was für ein schöner Abschluss der Rodelpartie. Zufrieden legst du dich in dein Bett. Du fühlst dich noch immer glücklich und schläfst zufrieden und entspannt ein.

Reise mit den wilden Gänsen

Über dein Haus fliegt wieder einmal ein Schwarm Wildgänse. Wolltest du nicht immer schon einmal mit ihnen reisen? Schließe einfach deine Augen und stelle dir vor, dass dein Körper ganz leicht wird. Zuerst fühlst du das Gewicht deiner Arme nicht mehr, dann das deiner Beine. Jetzt bist du fast schwerelos. Du beginnst in der Luft zu schweben. Marie und Ben sind auch an deiner Seite. Gemeinsam fliegt ihr bis zu den wilden Gänsen hoch. Jetzt kannst du einen der Vögel schon mit deiner Hand berühren. Das braun weiße Federkleid fühlt sich warm und weich an. Erfreut über die Gesellschaft erlauben euch die Gänse, sie auf dem Flug zu begleiten. Schnell ordnet ihr euch in die Gänseschar ein. Unten zieht die Landschaft vorbei. Du siehst kleine Dörfer mit einem hohen Kirchturm. Auf der Weide stehen Kühe und einige Schafe. Sie grasen friedlich und genießen die Sonnenstrahlen. Immer weiter geht es mit den Gänsen. Doch mit der Zeit werden deine Arme schwer. Du fühlst dich müde. Die Leitgans fordert Marie, Ben und dich dazu auf, euch auf den Rücken einer Gans zu setzen. Du fühlst dich zwischen den rhythmisch auf und ab schlagenden Flügeln der Gans völlig sicher. Da taucht vor euch ein schöner, blauer See auf. Das Wasser glitzert verführerisch. Kleine Wellen spielen mit dem Gras am Rand des Ufers. Wollt ihr mit uns schwimmen gehen? fragt eine Gans. Gerne! Schnell laufen Marie, Ben und du in das Wasser des Sees. Es fühlt sich angenehm frisch, aber trotzdem warm an. Das Wasser trägt eure Körper mühelos. Du schaukelst auf den kleinen Wellen und beobachtest dabei die Gänse, die auf der Suche nach Futter durch den See paddeln. Wieder am Ufer angelangt, trocknet ihr euch mit einigen Blättern ab. Die Gänse schütteln sich die Wassertropfen aus den Federn. Langsam wird es kühler. Du kannst den leichten Wind auf deiner Haut spüren. Da Marie, Ben und du hungrig seid, stärkt ihr euch mit einigen roten Beeren. Du kannst den süßen Geschmack der Früchte auf deiner ganzen Zunge spüren. Der Saft der Beeren läuft bis in deinen Magen. Die Gänse sind auch schon müde. Sie haben sich zum Schlafen in das Gras gelegt und stecken den Kopf unter ihre Flügel. Eine der Gänse lädt Marie, Ben und dich ein, auf ihren Rücken zu steigen. Sie will euch nach Hause bringen. Müde setzt du dich zwischen die Flügel der Gans. Durch die wiegenden Bewegungen während des Fluges beginnen dir die Augen langsam zuzufallen. Die Müdigkeit steigt immer weiter in dir hoch. Da seid ihr auch schon bei deinem Haus angekommen. Ben, Marie und du bedanken sich bei der Gans für ihre Hilfe. Zu Hause gehst du sofort in dein Zimmer und legst dich in dein Bett. Alles ist still und ruhig. Versuche jetzt einmal langsam, deine Arme zu bewegen. Fühlt sich das nicht an, als ob du noch durch die Luft fliegen würdest? Öffne langsam die Augen und schau dich in deinem Zimmer um. Die Ruhe füllt dich aus und du bist völlig entspannt.

Urlaub auf dem Bauernhof

Stell dir vor, dass du mit deinen Eltern Urlaub auf einem Bauernhof machst. Du liegst in einem gemütlichen Holzbett mit einer karierten Decke. Die Sonne lacht schon beim Fenster herein und weckt dich, indem sie dich sanft an der Nase kitzelt. Steh einfach auf und wirf einen Blick aus dem Fenster. Die Kühe stehen mit ihren Kälbchen schon auf der Weide. Die Gänse und Hühner schnattern fröhlich auf der Suche nach Futter durch den Garten. Auch die getigerte Katze ist schon unterwegs. Leise schleicht sie auf ihren weichen Pfoten über die Wiese. Nur der Hofhund hat es sich noch bequemer gemacht. Er liegt mit halbgeschlossenen Augen in der Sonne. Du stehst jetzt auf. Das Frühstück ist schon vorbereitet. Auf dem liebevoll gedeckten Tisch stehen Brot, frische Eier, Käse und Wurst. Die Kaffeekanne ist mit duftendem Kaffee gefüllt. Für dich steht ein Glas warmer Kakao bereit. Die Milch dazu hat die Bäuerin extra bei der Kuh geholt. Kannst du den Duft der frischen Milch riechen? Genieße einfach den Beginn des Tages. Du hast es nicht eilig. Nach dem Frühstück kannst du einen Spaziergang unternehmen. Vielleicht begegnest du der Katze, die ihre Jagd beendet hat und gemütlich in der Sonne döst. Besuche auch den Kräutergarten und atme tief den Geruch der Kräuter ein. Der Bauer hat schon frisches Heu und Stroh in die Scheune gebracht. Das Heu duftet nach Sonne, Kräutern und Blumen. Lege dich doch einfach in das Heu und warte entspannt, was weiter passiert. Der Hund kommt bei dir vorbei und legt sich sanft an dich. Sein Fell fühlt sich sauber und weich an. Du beginnst, den Hund zu streicheln und er kuschelt sich noch enger an dich. Gemeinsam liegt ihr ruhig in dem frischen Heu und atmet den Duft der Wiesen ein. Du bist völlig entspannt. Deine Atmung hat sich der des Hundes angepasst. Ihr atmet gemeinsam ein und aus. Alles ist ruhig und schön. Genieße das entspannende Gefühl noch ein wenig, bevor du die Augen öffnest und in die Wirklichkeit zurückkehrst. Das Gefühl der Ruhe dieses Urlaubstages wird noch viele Stunden in dir nachklingen.

Der Zauberwald

Heute gehen Ben und du in den Zauberwald. Der Wald liegt gleich hinter deinem Haus. Stell dir vor, dass Ben schon am Waldrand auf dich wartet. Hier führt ein kleiner Fußpfad vorbei an Haselnusssträuchern in den Wald hinein. Das Licht ist gedämpft, da die Sonne kaum durch die dichten Baumkronen durchdringen kann. Die Stille ist sehr angenehm. Der Waldboden verschluckt das Geräusch eurer Schritte. Die Moospolster am Wegrand leuchten grün und silbern. Sie fühlen sich leicht feucht an. Eine große Schnecke kriecht über das Moos. Sie ist auf dem Weg zu einem braunen Pilz. Dort kann sie sich so richtig satt essen. Aus dem Gras leuchten rote Erdbeeren. Die frischen Früchte schmecken süß und saftig. Weiter im Inneren des Waldes ist es dämmrig. Die Bäume sind hoch gewachsen. Sie breiten ihre großen Wurzeln bis über den Weg aus. Du musst darauf achten, nicht zu stolpern. Setze bewusst immer wieder einen Fuß vor den anderen. Ben ist immer an deiner Seite. In einem Strauch siehst du ein großes Spinnennetz. Die fein gewobenen Fäden sind mit Wassertropfen benetzt. Sie glitzern wie Perlen. Das Netz überzieht die Blätter des Strauchs wie ein fein gewebter Schleier, der durchsichtig und leicht ist. Schau dir die Schönheit des Netzes an. Von der Seite krabbelt eine kleine Spinne leichtfüßig in die

Mitte des Spinnennetzes. Sie überprüft die Fäden und wartet weiter auf ihre Beute. Vor dir siehst du einen besonders großen Baum. Seine Rinde ist rau und von tiefen Linien durchzogen. In der Mitte des großen Stammes bildet die Rinde ein Gesicht. Der große Baum wirkt wie ein lebendiger Baumgeist und Beschützer des Waldes. Hinter dem Stamm kommt ein kleiner brauner Hase hervor. Seine Nase zittert ganz aufgeregt. Du streckst dem Hasen die Hand hin. Er schnüffelt daran und kitzelt dich dabei mit der weichen Schnauze. Streichle den Hasen. Sein Fell ist weich und kuschelig. Es fühlt sich an wie das Fell des Teddybären, der auf deinem Bett zu Hause sitzt. Der Hase hoppelt wieder weiter. Sein weißes Schwänzchen ist hoch in die Luft gestreckt und leuchtet auch noch in weiterer Entfernung. Schau, da vorne leuchtet es dunkelgrün und golden aus dem Moos. Was das wohl ist? Ein großer Käfer kriecht auf dem Moos. Sein Rücken glänzt in verschiedenen Gold- und Grüntönen. An seinem Kopf befinden sich zwei Zangen, mit denen der Käfer die Blätter festhalten kann. Auch die Ameisen sind fleißig unterwegs. Sie sind gerade dabei, den Ameisenhaufen zu vergrößern und benötigen dafür jede Menge Stöckchen und Grashalme. Das Nest soll ja schließlich gemütlich ausgepolstert werden. Vor deinen Füßen siehst du gelbe Pfifferlinge. Du sammelst die großen Pilze ein und legst sie in den Korb. Das wird ein leckeres Abendessen. Im Wald riecht es feucht und würzig. Der Geruch von Nadeln und Beeren vermischt sich. Atme den angenehmen Duft des Waldes tief ein. Deine Atmung beruhigt sich immer mehr und wird gleichmäßig. Du fühlst, dass alles schön, friedlich und ruhig ist.

Tauchen nach Muscheln

Komm, setze dich zu mir. Mach es dir gemütlich und stell dir einen schönen Weg vor, der direkt an einen blauen See führt. Am Wegrand wachsen rote und blaue Blumen im Gras. Die Bäume strecken ihre Zweige und Blätter bis über den Weg, damit du Schutz vor der Sonne findest. In den Baumkronen singen die Vögel ein wunderschönes Lied. Alles ist friedlich und still. Die Insekten summen um die Blumen herum und sammeln Honig. Nachdem du eine Weile gegangen bist, kommst du an einen blauen See. Hier wartet schon Marie am Ufer auf dich. Sie hat bereits ihren Badeanzug angezogen. Du tauchst deine Füße in das klare Wasser. Kannst du spüren, wie die kleinen Wellen deine Zehen umspülen? Deine Füße versinken ein wenig in dem weichen Untergrund. Neugierige Fische schwimmen vorbei und stupsen mit ihrer Nase an deine Knöchel. Du ziehst jetzt auch einen roten Badeanzug an. Marie und du setzen jeder eine Taucherbrille auf und schon geht es in das Wasser. Du tauchst tiefer in den See. Die Strahlen der

Sonne durchdringen die Wasseroberfläche und erhellen mit ihrem Licht das tiefe Wasser. Marie und du tauchen immer tiefer in das Wasser. Da kommt ein Schwarm kleiner Fische, der fröhlich an euch vorbeischwimmt. Am Boden des Sees wandern einige Krebse. Ihre Scheren klappern bei jedem Schritt, den sie machen. Die Steine am Grund des Sees sind mit einem grünen Teppich aus Algen bedeckt. Kannst du die feinen Härchen der Algen sehen, die sich sanft im Wasser wiegen? Berühre doch einmal die Oberfläche der Steine. Du kannst spüren, wie weich und samtig sich diese anfühlt. Deine Finger hinterlassen kleine Eindrücke in dem Algenteppich. Nach einigen Minuten sind die Spuren wieder verschwunden. Zeichne doch einmal mit Marie ein Herz in den Algenteppich und beobachte, wie es sich langsam durch die Bewegungen der Algenhärchen wieder auflöst. Langsam schwimmt ihr weiter. Das Wasser des Sees ist angenehm warm. Direkt vor dir liegt eine schöne, große Muschel. Die Schale glänzt so schön und hell, dass du dich in ihr spiegeln kannst. Berühre die Muschel. Ihre Schale fühlt sich hart an. Marie berührt auch den welligen Rand der Muschel. Langsam öffnen sich die Schalen und neugierige Augen schauen euch an. Die Muschel kichert. Warum habt ihr mich geweckt? fragt sie. Wir wollten sehen, ob sich in deinem Inneren eine Traumperle befindet, sagt Marie. Ihr sucht eine Traumperle? Da seid ihr bei mir richtig. Schaut doch einmal in der rechten hinteren Ecke meiner Schale nach. Und wirklich. Du schaust in die Muschel hinein. Siehst du die wunderschöne rosafarbene Perle? Mit Erlaubnis der Muschel nimmst du die Perle vorsichtig aus ihrem Versteck. Wie schön doch die Oberfläche glänzt. Kannst du spüren, wie leicht sich die Perle anfühlt? Jetzt ist es wieder Zeit, aufzutauchen. Ihr verabschiedet euch von der Muschel. Du nimmst die Perle fest in deine Hand, damit du sie nicht verlierst. Zu Hause angekommen, legst du die Perle neben dein Bett. Heute Nacht wirst du sicher ruhig schlafen und angenehm träumen.

ELTERNBOX

Warum helfen Fantasiereisen den Kindern beim Einschlafen?

Fantasiereisen lenken die Kinder von den anstrengenden Problemen und Situationen des Tages ab. Sie können ihre Gedanken schweifen lassen und sich in eine angenehme Situation hineinträumen. Hier findet das Kind Sicherheit und Ruhe. Es wird nicht durch äußere Einflüsse gestresst und ist in der Lage loszulassen. Die Fantasiereise in ein fiktives Land erzeugt angenehme Gefühle, die eine Entspannung ermöglichen. Durch die Konzentration auf eine langsame und gleichmäßige Atmung beruhigt sich auch der Rhythmus der Neuronen im Gehirn. Die Überlastung durch die Reizüberflutung sinkt. Ereignisse können wieder verarbeitet und abgespeichert werden. Geschichten, in den Situationen, vor denen dein Kind Angst hat, aufgelöst werden, helfen dem Kind ruhiger einzuschlafen. Dem Kind fällt es leichter, dem Alltag zu entfliehen und zur Ruhe zu kommen. Mit Fantasiegeschichten kann individuell auf jede Einschlafstörung des Kindes eingegangen werden. Die Gedankenreisen haben keine so aufregende Wirkung wie Märchen, in denen immer ein Kampf zwischen Gut und Böse stattfindet. Das Kind muss nicht einem Ende entgegenfiebern. Es kann die Fantasiereise selber auflösen und das Tempo der Erzählung und das Ende selbst bestimmen.

Das kleine Gespenst möchte schlafen

Ist dir schon einmal aufgefallen, dass es in den Ecken raschelt, wenn du schlafen möchtest? Vielleicht ist es das kleine Gespenst. Es hat sich in ein weißes Tuch gewickelt und wartet auf den Beginn der Nacht. Das kleine Gespenst hat nur einen Wunsch. Es möchte in der Nacht auch in einem weichen Bett schlafen, genau wie du. Schließe deine Augen und warte ganz ruhig ab. Vielleicht kommt das kleine Gespenst aus seiner Ecke hervor und möchte mit dir spielen. Du nimmst seine Hand und es fliegt mit dir zu seiner Gespensterfamilie. Alle sind um einen großen Tisch versammelt und freuen sich über deinen Besuch. Das kleine Gespenst gibt dir auch ein weißes Tuch, damit du mit den anderen Gespenstern verstecken spielen kannst. Du versteckst dich hinter einer großen Truhe aus Holz. Eifrig suchen dich die anderen Gespenster. Als sie dich gefunden haben, lachen alle und sind fröhlich. Mama Gespenst hat ein leckeres Essen zubereitet. Dazu trinken alle Gespensterwein, der aus reinem Wasser besteht. Du fühlst dich in der fröhlichen Runde sehr wohl. Gespenster sind anscheinend gar nicht so bedrohlich oder böse. Sie spielen genauso gerne wie du und unterhalten sich gerne mit den Menschen. Das kleine Gespenst zeigt dir auch noch einige Spielsachen, die es zu seinem letzten Geburtstag bekommen hat. Besonders ein bunter Reifen hat es ihm angetan. Mit dem Reifen kann man so schön zu zweit spielen. Nach dem Spiel möchte das kleine Gespenst wissen, wie es einschlafen kann. Es legt sich auf eine wolkige Decke und schließt seine Augen. Dabei wickelt es sich ganz fest in das weiße Tuch ein. Du erzählst dem kleinen Gespenst eine Gute-Nacht-Geschichte, die du schon oft von deiner Mutter gehört hast. Schnell fallen dem kleinen Gespenst die Augen zu und es ist fest eingeschlafen. Auch du bist schon sehr müde. Papa Gespenst bringt dich zurück in dein Zimmer. Leg dich in dein bequemes Bett. Genieße die Ruhe und Stille der Nacht. Heute wird es nicht mehr in den dunklen Ecken rascheln, denn auch das kleine Gespenst ist schon fest eingeschlafen. Wenn du deine Augen geschlossen hast, konzentrierst du dich auf deinen Atem. Atme mehrmals langsam ein und aus. Fühle, wie die Luft deinen Körper ausfüllt und dann langsam wieder freigegeben wird. Du fühlst dich völlig entspannt. Deine Beine fühlen sich unter der Decke schwer an. Auch deine Arme ruhen sich schon aus. Mit jedem Atemzug fühlst du, wie die Müdigkeit stärker wird. Lass einfach los und schlaf ein. Du wirst sicher von dem kleinen Gespenst träumen, dass so gerne schlafen wollte.

Du lernst fliegen

Heute wollen Ben und du mit dem großen Adler bis zu den Gipfeln der Berge fliegen. Schließe einmal deine Augen und stelle dir vor, dass du mit Ben auf einer großen Wiese stehst. Ein leichter Windhauch bewegt das Gras unter euren Füßen. Die Sonne scheint und es sind kaum Wolken am Himmel zu sehen. Über euren Köpfen zieht ein großer Adler seine Kreise. Der Vogel setzt zur Landung an. Kannst du das Rauschen seiner Flügel hören? Elegant landet der Adler im Gras neben euch und faltet seine Flügel zusammen. Du streckst die Hand aus und streichst leicht über die Federn des Vogels. Das Federkleid fühlt sich gleichzeitig weich und fest an. Kannst du die Wärme in deiner Hand spüren? Damit ihr mit dem Adler hoch in die Luft fliegen könnt, benötigt ihr auch einige Federn. Dafür spannt der Vogel wieder seine Flügel aus und beginnt mit diesen zu schlagen. Gleichzeitig dreht er sich langsam im Kreis. Mit jeder Runde fallen einige

Federn auf den Boden. Der Adler bleibt wieder ruhig stehen. Jetzt hebt der Wind die Federn auf und lässt sie rund um deinen Körper in der Luft tanzen. Je mehr Federn deinen Körper bedecken, umso leichter fühlst du dich. Gemeinsam mit dem Adler steigt ihr in die Luft hinauf. Vor euch liegen die hohen Berge. Die Spitzen sind mit glitzerndem, weißen Schnee überzogen. Sie wirken wie große Zuckerhüte. In den Felswänden kannst du die Ziegen, die eifrig nach oben klettern, beobachten. Ein Murmeltier pfeift und macht die Tiergruppe auf euch aufmerksam. Neugierig schauen alle Murmeltiere zu euch hoch. Immer weiter geht der Flug. Spürst du den Wind, der immer wieder in deine Federn fährt? Glücklich ziehst du Kreise in der Luft. Die Menschen auf der Erde unter dir sind ganz klein. Du kannst in der Luft alle Sorgen und Ängste loslassen. Du fühlst dich frei und leicht. Lass dich einfach vom Wind tragen und genieße das Gefühl des Fliegens. Ihr landet auf einer besonders schönen Bergspitze. Der Schnee ist weich. Bei deinen Schritten staubt der Pulverschnee nach den Seiten weg. Ein leichter Nebel aus Schneekristallen bildet sich. Auf deiner Haut fühlen sich die Schneeflocken feucht an. Doch die Sonne trocknet dich schnell wieder. Jetzt fliegt ihr wieder hinunter in das Tal. Auf halbem Weg begegnet euch eine Gruppe Schwalben, die in einem Zick-Zack-Flug nach Mücken jagen. Du kannst den schnell fliegenden Schwalben kaum mit den Augen folgen. Weiter geht euer Flug. Langsam kommt die Wiese immer näher. Du kannst schon die blauen Glockenblumen sehen, deren Blumenköpfe sich leicht im Wind bewegen. Ihr landet sanft auf dem Boden. Nachdem ihr eure Federn abgestreift habt, erhebt sich der Adler wieder in die Luft. Du kannst noch immer die angenehme Leichtigkeit des Fliegens tief in dir spüren. Als Erinnerung an den schönen Tag heben Ben und du einige der braun und weiß gesprenkelten Federn auf. Du wirst deine direkt auf den Tisch neben deinem Bett legen, damit du auch im Traum fliegen kannst.

Die Apfelernte

Heute ist ein Tag, an dem strahlender Sonnenschein herrscht. Eine leichte, luftige Brise lindert die Hitze der Sonne. Jetzt ist genau der richtige Zeitpunkt, um in den Garten zu gehen und nach den Apfelbäumen zu sehen. Genieße einfach einmal den sonnigen Tag. Gehe durch das Gras zu den Bäumen. An den Zweigen hängen viele Äpfel, die durch die Sonne schon ganz rote Backen haben. Stell dich einfach einmal entspannt unter einen Apfelbaum und atme den frischen Duft der reifen Äpfel ein. Jetzt bekommst du Lust, die Äpfel zu pflücken. Du holst dir einen Korb und beginnst, auf den Baum zu klettern. Du kannst die fruchtigen Äpfel ganz leicht erreichen. Streck doch einmal deine Hand aus. Der Apfel fühlt sich glatt und fest an. Er wird sicher gut schmecken. Jeden Apfel, den du gepflückt hast, legst du vorsichtig in deinen Korb. Bald ist dieser vollgefüllt mit schönen, roten Äpfeln. Stell dir vor, wie du den Korb zu deinem Vater bringst. Einen besonders schönen Apfel möchtest du gleich essen. Du beißt in die Frucht hinein. Der Saft des Apfels läuft direkt in deinen Mund. Heute schmecken die Äpfel besonders lecker. Du kannst den Geschmack des Apfels nicht nur im Mund, sondern in deinem ganzen Körper spüren. Schließe einfach deine Augen und genieße den süßen Geschmack des frischen Apfels. Du fühlst dich dabei wohl und entspannt. Dein Korb ist vollständig mit den wundervollen Äpfeln gefüllt. Deine Mutter schlägt vor, einen leckeren Kuchen zu backen. Schnell durchzieht der Duft des Kuchens den ganzen Raum. Er weckt in dir ein besonders behagliches Gefühl. Setze dich einfach in einen Sessel und genieße den Duft des frischen Apfelkuchens. Die Vorfreude auf den leckeren Kuchen wird mit jedem Moment größer. Deine Mutter öffnet den Backofen und nimmt den fertigen Kuchen heraus. Jetzt muss er nur noch etwas auskühlen. Schon nach kurzer Zeit steht ein Teller mit einem Stück des Apfelkuchens vor dir. Du nimmst eine Kuchengabel und stichst ein Stück des Kuchens ab. Führe es ganz langsam zu deinem Mund und atme noch einmal den süßlichen Duft ein. Jetzt kannst du in das saftige Kuchenstück beißen. Es schmeckt genauso lecker, wie der frisch vom Baum gepflückte Apfel. Lass es zu, dass sich das angenehme Gefühl vollständig in deinem Körper ausbreitet. Dein Magen ist jetzt schon ganz mit dem Kuchen und dem Apfel gefüllt. Träume noch einmal von dem Apfelbaum im Garten und genieße das Gefühl der Entspannung. Atme tief ein und aus. Jetzt kannst du die Augen wieder öffnen. Du fühlst dich gut und entspannt.

Besuch beim Weihnachtsmann

Du weißt noch nicht, welche Geschenke du für Weihnachten anfertigen sollst? Dann besuche doch einmal den Weihnachtsmann am Nordpol. Du kannst auch Marie und Ben auf die Reise mitnehmen. Vor der Türe wartet schon ein schön geschmückter Schlitten. Er wird von vier Rentieren gezogen. Nehmt auf der weichen Bank Platz. Eine Decke schützt euch während der Reise vor der Kälte. Die Rentiere steigen schnell hoch in den Himmel hinauf. Die kalte Luft weht um eure Nasen, die sich schnell rot färben. Damit euch nicht kalt wird, kuschelt ihr euch zusammen tief in die warme Decke. Da vorne seht ihr schon die Lichter des Nordpols. Der Weihnachtsmann und seine Frau warten schon auf euch. Sie halten heißen Tee bereit, damit ihr die Hände aufwärmen könnt. Im Haus ist eine ganze Menge los. Die Weihnachtswichtel wuseln durcheinander. Die Geschenke-werkstatt läuft auf Hochbetrieb. Schließlich sollen zu Weihnachten ja alle

Geschenke fertig sein. Während einige Wichtel Holzteile zuschneiden und zusammensetzen, sind andere mit den bunten Bemalungen der Geschenke beschäftigt. Die Frau des Weihnachtsmannes sortiert die Wunschbriefe und gibt den Wichteln, die die Geschenke weihnachtlich verpacken, genaue Anweisungen. In der Ecke der Werkstatt steht ein schön geschmückter Weihnachtsbaum. An seinen Ästen glitzern bunte Kugeln. Seine Spitze wird von einem goldenen Stern gekrönt. Trotz all der Arbeit nimmt sich die Frau des Weihnachtsmannes Zeit für dich und deine Freunde. Du, Marie und Ben bekommen leckere Weihnachtskekse und ein Glas mit köstlichem, heißen Kakao. Nachdem ihr euch gestärkt habt, hilft euch ein Weihnachtswichtel, verschiedene Geschenke herzustellen. Dabei kannst du deiner Kreativität freien Lauf lassen. Jetzt müssen die Geschenke nur noch in schönes Papier verpackt werden. Ein buntes Band und ein Tannenzweig vollenden das Werk. Die Weihnachtsgeschenke sehen besonders schön aus. Die Wichtel verladen diese in den Schlitten. Jetzt könnt ihr euch auf den Heimweg machen. Der Schlitten bringt euch unter dem Klingeln der Glöckchen bis vor deine Haustüre. Was für ein schöner Tag! Du spürst eine Welle des Glücks und der Zufriedenheit, die deinen Körper ausfüllt. Jetzt muss nur noch der Weihnachtsbaum geschmückt werden und das Fest kann beginnen.

Das Einhorn

Bist du schon einmal einem Einhorn begegnet? Auf einer Fantasiereise hast du dazu die Gelegenheit. Stell dir doch einmal vor, wie dein Einhorn aussehen soll. Ist es weiß mit einer bunten Mähne? Hat es ein schön gedrehtes Horn auf seiner Stirn? Zeichne doch einmal ein Bild von deinem Einhorn. Jetzt kannst du es dir noch besser vorstellen. Auf unserer nächsten Fantasiereise in dein Traumland werden wir das Einhorn besuchen.

Beginnen wir doch mit der Reise. Schließe deine Augen und stelle dir eine schöne Landschaft vor. Überall leuchten bunte Blumen. Die Bäume des Waldes tragen dichte, grüne Blattkronen. Ihre Äste strecken sich dir wie lange Arme entgegen. Du gehst mit Marie in den Wald hinein. Drinnen ist außer den lustigen Vogelstimmen kaum ein Geräusch zu hören. Der

Waldboden verschluckt die Geräusche eurer Schritte. Direkt vor euren Füßen wachsen braune, gelbe und rote Pilze. Teilweise werden sie von Zwergen oder Raupen bewohnt. Ein Fuchs kommt zwischen den Bäumen hervor. Zutraulich kommt er ganz nahe zu euch. Sein Fell glänzt rot. Die weiße Schwanzspitze verleiht dem Fuchs ein elegantes Aussehen. Du bleibst stehen, um den freundlichen Fuchs zu streicheln. Sein weiches Fell fühlt sich gut unter deinen Händen an. Du bist glücklich, dass sich der Fuchs von dir streicheln lässt. Du und Marie gehen noch tiefer in den Wald hinein. Da steht zwischen den Bäumen das Einhorn. Seine sanften Augen betrachten euch genau. Das Einhorn kommt langsam auf dich zu. Es senkt den Kopf zur Begrüßung. Sein Horn hebt sich golden glänzend von dem restlichen Fell ab. Bei der Berührung des Einhorns empfindest du ein großes Glücksgefühl. Du hast dich schon lange nicht so zufrieden gefühlt. Das Einhorn lädt Marie und dich dazu ein, auf seinen Rücken zu steigen. Mit langsamen Schritten bewegt es sich zwischen den Bäumen. Dabei hinterlassen seine Hufe bunt leuchtende Abdrücke in dem Waldboden. Der wiegende, gleichmäßige Schritt des Einhorns wirkt beruhigend auf dich. Du entspannst dich immer mehr und kannst dich dem Glücksgefühl hingeben. Als ihr den Waldrand erreicht, lässt euch das Einhorn absteigen. Es verabschiedet sich und geht wieder zurück in den Wald. Vorher lädt es Marie und dich zu einem weiteren Besuch ein. Das war ein richtig schöner Tag, sagt Marie.

Ein Sommertag mit Regen

Heute scheint keine Sonne. Doch auch im Regen kannst du gut entspannen und einen gemütlichen Tag verbringen. Schließe einfach einmal deine Augen. Aus den Wolken über dir fallen einige Tropfen. Sie berühren sanft deine Haut. Mit der Zeit wird der Regen immer stärker. Er prasselt ganz warm auf deine Regenjacke. Auf dem Boden haben sich schon einige Pfützen gebildet. Springe mit den Gummistiefeln in eine der Pfützen. Das Wasser spritzt in lustigen Tropfen weit in die Umgebung. Sogar deine Knie werden von dem Regen ganz nass. Strecke die Zunge heraus. Das milde Regenwasser füllt schnell deinen ganzen Mund aus. Langsam beginnt es auch in deinen Kragen und über deinen Rücken zu laufen. Das kitzelt, fühlt sich aber angenehm und warm an. Dreh dich doch im Kreis und tanze im Regen. Du musst lachen. Sofort füllt die gute Laune dich vollständig aus. Dein Herz tanzt mit dir. Langsam lässt der Regen nach. Die Strahlen der Sonne bahnen sich einen Weg durch die dichte Wolkendecke. Über dem Feld steht ein schöner, in vielen Farben leuchtender Regenbogen. Du kannst den intensiven Geruch der nassen Wiesen und Felder riechen. Das Gras leuchtet frisch und grün. Der Regen war genau das Richtige, um die Austrocknung durch die Sommerhitze zu verhindern. Du fühlst dich genauso erfrischt wie das Gras unter deinen Füßen. Genieße das Glücksgefühl und die Energie, die dir der Regen gespendet hat. Genau wie die Blumen streckst du dich in den Himmel der wieder strahlenden Sonne entgegen. Halte das Gefühl des Regentages möglichst lange in deinem Herzen fest.

Den Weihnachtsbaum schmücken

Jedes Jahr zu Weihnachten wird bei dir zu Hause ein Weihnachtsbaum aufgestellt. Deine Eltern gehen mit dir in den Wald, um einen schönen Baum für das Fest auszusuchen. Unter deinen Stiefeln knirscht der Schnee. Deine Hände sind in warme Handschuhe verpackt. Der Schnee glitzert silbern auf den Ästen der Tannenbäume. Schon habt ihr eine besonders schöne Tanne gefunden. Dein Vater fällt den Baum und stellt diesen an einer zentralen Stelle im Haus auf. Inzwischen hast du mit deiner Mutter den Weihnachtsschmuck hervorgeholt. Gemeinsam schmückt ihr den Baum mit bunten Kugeln und Glöckchen. Kerzen aus echtem Bienenwachs verbreiten einen angenehmen Duft im ganzen Raum. Jetzt fehlt nur noch Lametta und die Wunderkerzen. Die werden allerdings erst bei der Weihnachtsfeier angezündet. An den Ästen des Weihnachtsbaums hängen auch viele Süßigkeiten. Die leckeren Zimtsterne und die in rosa Papier verpackten Bonbons leuchten fröhlich zwischen den Nadeln hervor. Du freust dich schon auf den Weihnachtsabend. Am Boden wird rund um den Baum eine Decke ausgebreitet. Hier kann der Weihnachtsmann die Geschenke ablegen, die in der Wichtelwerkstatt angefertigt worden sind.

Am Weihnachtsabend werden alle Kerzen angezündet. Dein Vater läutet die kleine goldene Glocke. Jetzt ist es Zeit, mit dem Feiern zu beginnen. Auch Ben und Marie sind zu dem Weihnachtsfest eingeladen. Was gibt es Schöneres, als diesen Tag mit deinen Freunden zu verbringen. Halte das Glücksgefühl, das du empfindest, fest.

ELTERNBOX

Alltagsstress

Nicht nur Erwachsene leiden unter Stress. Schon bei Babys können wechselnde Lichtreflexe und plötzliche, laute Geräusche Stressreaktionen auslösen. Bei Kleinkindern kommt dann noch die ständige Reizüberflutung durch die Umwelt dazu. Und der Stress wird mit zunehmendem Alter nicht weniger. Leistungsdruck und Versagensängste in der Schule verringern die Neugierde auf neues Wissen. Die geistige Entwicklung des Kindes wird durch den Stress behindert. Ist dein Kind über einen längeren Zeitraum andauerndem Stress ausgesetzt, beginnt die ständige Überreizung, seine Persönlichkeit zu verändern. Aggressive Reaktionen, Weinkrämpfe und Angstzustände sind die Folge. Umso wichtiger ist es, dass die Eltern rechtzeitig einschreiten und dem Kind durch Fantasiereisen ermöglichen, einer stressigen Situation zu entkommen und zu entspannen.

Fliegen auf einem Drachen

Schließe einfach deine Augen und reise mit Marie und Ben in ein Fantasieland. Mitten im Garten steht ein alter Baum. In seinem Stamm ist ein großes Loch. Du kletterst mit Marie und Ben in den Baum. Schon geht es auf einer Rutsche abwärts. Das ist ein besonders lustiges Gefühl. Am Ende der Rutsche beginnt ein wunderschönes Land. Hier leben alle im Einklang mit den Tieren. Tretet durch die Türe. Schau doch einmal hinauf in den Himmel. Oben fliegt ein großer Drache. Sein Körper ist mit roten und blauen Schuppen bedeckt. Der lange Schwanz bewegt sich wie ein Steuerruder durch die Luft. Als der Drache euch sieht, setzt er sofort zur Landung an. Du hältst ihm mutig deine Hände hin. Als der Drache an deiner Handfläche schnuppert, kitzeln dich seine langen Barthaare. Du musst lachen. Möchtet ihr vielleicht auf meinem Rücken mitfliegen? Begeistert klatscht ihr in die Hände. Der Drache legt sich ganz flach auf den Boden, damit ihr auf seinen Rücken klettern könnt. Du hältst dich an seiner Mähne fest. Und schon geht es hoch in die Luft. Du fühlst dich glücklich und frei. Hinter dir strahlen Marie und Ben vor Freude. Haltet euch gut fest, sagt der Drache. Er fliegt einige schnelle Kurven und macht noch weitere Kunststücke. Jetzt seid ihr schon hoch über den Wolken angekommen. Der Drache taucht mit euch immer wieder in die luftigen Wolken ein. Du kannst spüren, wie die Wolken die Haut an deinen Füßen kitzeln. Dann lässt sich der Drache wieder langsam tiefer sinken. Auf dem Boden angelangt, klettert ihr herunter. Du streichelst den Drachen noch einmal zum Abschied. Versuche doch einmal, ein Bild von ihm zu zeichnen. Du kannst es, ganz nach deinen Vorstellungen, bunt ausmalen. Denk dir auch noch weitere Wesen aus, die dem Drachen Gesellschaft leisten.

Ein Bach im Wald

Heute machen wir einen kleinen Spaziergang durch den Wald. Die hohen Bäume breiten ihre Blätterdecke schützend über dir aus. Hier ist alles still und friedlich. An einem kleinen Bach machen wir Rast. Setz dich doch einfach in das Moos. Wenn du deine Hände auf ein Moospolster legst, kannst du die angenehme Kühle und Erfrischung spüren. Das Wasser plätschert sauber und klar über die Steine im Bachbett. Kleine Wellen tanzen sprudelnd über die Oberfläche. Du sitzt ganz ruhig und entspannt am Ufer und beobachtest die Bewegungen des Wassers. Hinter den Bäumen kommt ein Reh hervor. Es ist durstig und nähert sich dem Bach. Neugierig schaut es zu dir herüber. Als es Vertrauen gefasst hat, überquert es den kleinen Bach und stupst dich mit seinem Mund an. Du hebst ganz langsam und vorsichtig die Hand und streichelst über das weiche Fell des Tieres. Die vertrauten, dunklen Augen schauen dich freundlich an. Du pflückst einige Kräuter, die direkt am Ufer des Baches wachsen und fütterst das Reh damit. Dankbar nimmt es die Kräuter an. Auf dem Ast gegenüber haben sich zwei Vögel niedergelassen. Sie beginnen, ein Lied zu singen. Fröhlich steigt das Lied hoch in die Luft hinauf. Du schließt deine Augen und gibst dich ganz der natürlichen Melodie hin. Du fühlst dich bis tief in deine Seele hinein glücklich und entspannt. Jetzt ist es Zeit, wieder nach Hause zurückzukehren. Auch das Reh ist schon wieder im Wald verschwunden. Die Vögel haben aufgehört zu singen. Sie putzen ihr Federkleid und bereiten sich auf die hereinbrechende Nacht vor. Kehre jetzt zurück und halte dabei das warme und entspannende Gefühl, das du bei deinem Aufenthalt im Wald empfunden hast, ganz fest.

Eine Wanderung in den Bergen

Heute unternehmen Marie und du eine Wanderung in die Berge. Marie wartet schon an der Haltestelle der Seilbahn auf dich. Im nächsten Wagen sind schon Plätze für euch frei. Du steigst in die Kabine und suchst dir einen Sitzplatz direkt am Fenster. Von hier kannst du während der Fahrt die mit Wald bedeckten Berge am besten sehen. Langsam schaukelnd gleitet die Gondel der Seilbahn nach oben. Die Bewegung fühlt sich angenehm an. Unter dir ziehen die grünen Bäume vorbei. Jetzt seid ihr oben angekommen. Direkt neben der Bergstation befindet sich eine Almhütte mit Holzbänken. Die Wirtin serviert euch Käse und Milch. Nach der Stärkung bist du bereit für die Wanderung. Der Weg führt über grüne Wiesen. Siehst du die blauen Blumen, die in der Wiese blühen? Eine dicke Hummel landet auf eine dieser Blumen. Fest steht sie auch auf steilen Wiesen und reckt ihre Blüten der Sonne entgegen. Mit der Zeit wird der Boden steiniger. Direkt an einem Felsen entdeckst du eine weiße sternförmige Blume. Die Blüten fühlen sich ganz sanft an. Weiß strahlend hebt sich die Blume von ihrer Umgebung ab. Sie ist sich ihrer Schönheit voll bewusst und wächst stolz in die Höhe. Am Wegrand wachsen gelbe Büsche. Du fühlst, wie der Weg steiler wird. Da ist schon das Gipfelkreuz. Du bist am höchsten Punkt des Berges angekommen. Damit auch andere Menschen wissen, dass ihr es bis zum Gipfel geschafft habt, schreiben Marie und du einen schönen Satz in das Buch, das in einer Kiste bei dem Kreuz eingeschlossen ist. Ihr setzt euch auf einen Felsen, der von der Sonne gewärmt wird. Spürst du den Wind in deinen Haaren? Du bist müde geworden und streckst deine Füße aus. Das tut gut. Der Ausblick ist wunderschön. Die Sonne scheint und lässt den Schnee auf den höchsten Bergen glitzern. Weiter unten kannst du Kühe sehen, die langsam über ihre Weide ziehen und frische Kräuter und Gras essen. Hoch oben am Himmel siehst du weiße Wolken, die vom Wind getrieben werden. Wenn du sie länger beobachtest, kannst du die unterschiedlichsten Formen erkennen. Manchmal verdeckt eine der Wolken kurz die Sonne und es wird kühler. Aus dem Tal hörst du die Kirchenglocken läuten. Der Klang wird als Echo von den Bergen zurückgeworfen. Auf dem Rückweg kommen Marie und du an einer Schafweide vorbei. Die Schafe befinden sich gleich hinter einem Holzzaun. Als die Tiere näherkommen, gibst du ihnen einige Kräuter, die auf der anderen Seite des Weges wachsen. Vor der Fahrt mit der Seilbahn machen Marie und du noch einmal Rast in der Almhütte. Du setzt dich auf eine der Bänke, die in der Sonne liegen. Strecke die Füße aus. Sie fühlen sich schwer an. Auch deine Arme sind nach der Wanderung schwer und müde. Du atmest in einem gleichmäßigen Rhythmus ein und aus. Dein Körper fühlt sich warm und schwer an. Genieße noch einmal das Gefühl der Sonnenstrahlen auf der Haut. Du bist müde und entspannt. Alle Probleme sind verschwunden.

Die Eisscholle

Im weiten Polarmeer schwimmt eine große Eisscholle. Schließe die Augen und stelle dir vor, dass du mit der Eisscholle eine Reise unternimmst. Du sitzt mit Ben auf einer warmen Decke. Berühre doch einmal die Oberfläche der Eisscholle. Sie ist glatt und fühlt sich sehr kalt an. An den Rändern kannst du das Eismeer sehen. Während die Eisscholle langsam an der Oberfläche des Wassers treibt, schaukelt sie leicht in den Wellen. Die Bewegung fühlt sich entspannend und beruhigend an. So weit du schauen kannst, ist nur die Wasseroberfläche zu sehen. Tauche doch einmal deine Hand in das Wasser. Du kannst die kalten Wellen spüren. Da schaut eine kleine Robbe aus dem Wasser hervor. Sie schiebt ihren Körper auf die Eisscholle. Hast du bereits einmal eine Robbe aus der Nähe gesehen? Ihr Fell ist noch ganz feucht. Wassertropfen glänzen in den Fellhaaren. Die Sonne bringt die Tropfen zum Leuchten und lässt diese wie Schmucksteine aussehen. Du streichelst die Robbe sanft. Ihre Barthaare kitzeln auf deiner Hand und die dunklen Augen schauen dich gutmütig an. Was machst du so weit hier draußen auf dem Eismeer? fragt Ben die Robbe. Ich bin auf der Suche nach einem Fischschwarm. Der Atem der Robbe hinterlässt kleine Eiskristalle in der Luft. Als sie wieder in das Wasser springt, treffen kalte Spritzer deine Haut. Spürst du, wie das Wasser auf deiner Haut friert? Damit dir nicht kalt wird, gibt dir Ben eine Decke. Du wickelst dich ganz fest darin ein. Die Wärme steigt langsam wieder in deinem Körper hoch. Zuerst werden die Hände ganz warm, dann auch die Füße. Die Eisscholle treibt immer weiter, bis ihr die Küste erreicht habt. Vor euch liegt ein von Schnee und Eis bedeckter Strand mit Felsen. Auf dem Schnee hat sich eine Kolonie von Pinguinen niedergelassen. Die Vögel watscheln neugierig auf euch zu. Ihr schwarz-weißes Erscheinen sieht sehr lustig aus. Du musst lachen. Das fröhliche Gefühl kitzelt deinen Magen. Es ist aber auch zu lustig, wie sich die Pinguine unbeholfen über das Eis bewegen. Auf einem Hügel haben die Vögel eine Rutsche gebaut. Willst du auch eine Rutschpartie machen? Du steigst mit Ben auf den Hügel. Die Rutschbahn ist so glatt, dass ihr keinen Schlitten benötigt. Gemeinsam mit euch rutschen auch die Pinguine. Ihr legt euch einfach auf euren Bauch und gleitet den Hügel hinunter. Ben und du müssen wieder zu der Eisscholle zurückkehren. Es ist Zeit für den Heimweg. Du spürst, wie die Luft auf der Rückreise langsam wärmer wird. Die Eisscholle schmilzt und wird immer kleiner. Als du zu Hause ankommst, ist nur noch ein kleiner Rest Eis vorhanden, der dich und Ben sicher bis ans Ufer bringt. Jetzt bist du wieder zurück. Strecke langsam die Arme und Beine. Bewege alle Finger und Zehen und öffne deine Augen. Du bist von dem Abenteuer wieder zurück in dein vertrautes Zimmer gekommen. Die gewohnte Umgebung vermittelt dir ein sicheres und warmes Gefühl. Müde kuschelst du dich in dein Kissen. Schnell schläfst du in deinem Bett entspannt ein.

Ein Regentag

Heute ist kein Tag, um einen Spaziergang zu unternehmen. Hörst du den Regen, der draußen an die Fensterscheiben klopft? Lehne dich einfach gemütlich im Sessel zurück. Schließe deine Augen und höre dem gleichmäßigen Rauschen des Regens zu. Das Geräusch wirkt beruhigend und macht dich müde. Deine Beine und Arme werden ganz schwer. Du kannst kaum mehr die Finger bewegen. Stell dir jetzt vor, dass du auf der Wiese vor dem Haus im Regen stehst. Die Regentropfen fallen auf dein Gesicht und deine Hände. Das Wasser fühlt sich angenehm warm an. Die Tropfen, die auf deine gelbe Regenjacke fallen, zerplatzen mit einem leise knallenden Geräusch. Das hört sich lustig an. Du lauschst dem Geräusch der Regentropfen. Sie trommeln auch auf das Dach deines Hauses. In der Wiese sammeln sich kleine Pfützen an. Wenn du über das Gras gehst, hörst du schmatzende Geräusche. Bei jedem Schritt spritzen Wassertropfen zur

Seite. Schau nach unten. Die Pfütze umgibt deine Gummistiefel wie ein kleiner See. Gehe durch das Wasser. Es bilden sich kleine Wellen an der Oberfläche, die du mit jedem Schritt vor dir herschiebst. Strecke jetzt einmal die Hände aus. Die Regentropfen fallen auf deine Hand. Es bilden sich kleine Wasserstraßen, die bis zu deinem Handgelenk fließen. Schnell wird die Haut ganz nass. Vor dem Haus steht eine Regentonne. Sie wird durch den Regen wieder voll mit Wasser gefüllt sein. Gleichmäßig tropft der Regen in die Tonne. Auch andere Lebewesen gehen gerne bei Regen nach draußen. Auf dem Weg kriecht ein dicker Regenwurm. Langsam schiebt sich der rosafarbene Körper voran. Die Vögel haben sich alle unter dem Dachvorsprung versteckt. Sie wollen vermeiden, dass ihre Federn nass werden. Der Regenwurm kann also in Ruhe seinen Weg fortsetzen. Keine Amsel wird Jagd auf ihn machen. Schau dir die Bewegungen des Regenwurms noch einmal genau an. Langsam und gleichmäßig zieht sich der elastische Körper zusammen und streckt sich wieder. Durch die regelmäßigen Bewegungen kommt der Regenwurm schnell voran und verschwindet wieder im Gras. Auch eine Schnecke ist noch unterwegs. Sie beeilt sich, ein Blatt zu erreichen, das sie vor dem Regen schützt. Schau nach oben in den Himmel. Er ist vollständig von grauen Wolken bedeckt. Aus den Wolken fallen weitere Tropfen auf die Erde. Ein leichter Wind weht. Die Wolken beginnen sich zu bewegen. Der Wind schiebt sie über den Himmel. Langsam lässt der Regen nach. An einigen Stellen kannst du Löcher sehen, durch die der blaue Himmel blitzt. Nach kurzer Zeit lacht die Sonne wieder. Sie trocknet das Gras und die Blätter mit ihren warmen Strahlen. Fühlst du die Wärme der Sonne auf deiner nassen Haut? Zieh die Gummistiefel aus und lauf mit den nackten Füßen durch das Gras. Die Luft riecht frisch. Atme tief und bewusst ein. Lass die Luft in deine Lunge strömen. Die Frische breitet sich in deinem ganzen Körper aus. Du fühlst dich lebendig und erfrischt. Der Regen hat alle Probleme und Ängste von dir abgewaschen. Öffne jetzt langsam wieder die Augen. Die Sonne scheint schon durch das Fenster.

Schafe auf dem Deich

Setze dich gemütlich hin und stell dir vor, dass du mit Marie einen Spaziergang machst. Die Sonne scheint und es ist warm. Du gehst mit Marie zu dem Deich, auf dem die Schafe weiden. Das Gras wächst dort besonders saftig und grün. Die Schafe gehen ganz ruhig über die Weide. Sie suchen sich die besten Kräuter aus. Einige Tiere stehen bei einem Busch und fressen die Blätter. Die schmecken sicher besonders gut. Der schwarz-weiße Hütehund kommt schnell auf euch zu. Er muss sich schließlich davon überzeugen, wer die Weide betreten möchte. Du rufst den Hund ganz nah zu dir. Er leckt dir mit seiner Zunge die Hand ab. Das fühlt sich feucht und warm an. Marie hat einige schöne Blumen gepflückt, die sie den Schafen geben möchte. Langsam nähern sich die Tiere. Die langsamen Bewegungen der Schafe lassen auch dich zur Ruhe kommen. Du fühlst dich entspannt und gelöst. Vergrabe deine Hände doch einmal in der Wolle der Schafe. Sie fühlt sich weich und warm an. Die rosafarbenen Ohren der Schafe zucken hin und her. Sie wollen alle Geräusche in der Umgebung genau hören. Marie und du haben einige Karotten mitgebracht. Ihr brecht sie in kleine

Stücke und zeigt diese den Schafen. Erfreut fressen sie die Karotten. Du setzt dich auf dem Deich in das Gras. Einige Meter weiter vorne kannst du das Wattenmeer sehen. Es ist gerade Ebbe und das Wasser hat sich weit zurückgezogen. Krabben laufen über den Strand, um die letzten Wasserlöcher zu finden. Der blaue Himmel spannt sich wie eine große Decke über das Meer. Du möchtest dich in die schöne Decke einwickeln. In der Luft siehst du Möwen, die sich vom Wind tragen lassen. Sie beobachten die Segelboote, die ruhig auf dem Wasser dahingleiten. Schau dir an, wie leicht die Boote sich ohne Anstrengung über das Wasser bewegen. Nur der Wind bläst ab und zu in die großen, weißen Segel. Du kannst die salzige Luft auf deiner Zunge schmecken. Beobachte einmal genauer den Boden. Er ist von Leben erfüllt. Kleine Käfer krabbeln eifrig zwischen den Grashalmen. Eine Ameise transportiert ein Stöckchen zu dem Ameisenhaufen. Gepunktete, rote Marienkäfer sitzen auf den Blättern der Pflanzen. Sie lassen sich die Flügel von der Sonne wärmen. Geh doch einmal an den Strand. In dem Sand stecken kleine weiße und rosa Muscheln. Die zarten Schalen glänzen in der Sonne. Du hebst eine Muschel auf und zeigst sie Marie. Vorsichtig streichst du über die dünne Schale, damit sie nicht zerbricht. Die Schafe haben euch die ganze Zeit beobachtet. Sie fordern euch auf, mit ihnen weiterzugehen. Marie und du folgen den Schafen. Die langsame Wanderung durch das Gras macht dich schläfrig. Du lehnst dich zurück und schließt die Augen. In einiger Entfernung hörst du die Schafe, die nach weiteren Kräutern suchen. Der Wind spielt sanft mit deinen Haaren und verstärkt deine Müdigkeit noch. Das leise Rauschen der Meereswellen entspannt dich. Du lässt dich von den sanften Geräuschen bis ins Traumland tragen und schläfst ein.

Der Garten im Herbst

Schließe deine Augen und stelle dir einen schönen Garten vor. Es ist Herbst. Die Blumen blühen noch. Die Äpfel und Birnen sind bereits geerntet und die Blätter der Bäume beginnen, sich bunt zu färben. Was für ein schöner Anblick! Die Natur leuchtet in farbenprächtigen Rot-, Gelb- und Brauntönen. Schmetterlinge besuchen die letzten Blumen. Ein Eichhörnchen klettert den Stamm des Zwetschgenbaums hoch. Es bringt eine Nuss in sein Nest, um sich einen Vorrat für den Winter anzulegen. Damit du die Tiere besser beobachten kannst, setzt du dich in den gemütlichen Schaukelstuhl auf der Terrasse. Am Himmel kannst du die Schwalben beobachten, die ihre Reise in die südlichen Länder angetreten haben. Durch das hohe Gras der Wiese läuft ein Igel. Er ist auf der Suche nach Würmern und anderen Insekten. Schließlich muss auch er sich auf den Winterschlaf vorbereiten.

Der Blätterhaufen in einer Ecke des Gartens raschelt. Hier hat sich eine kleine Maus versteckt. Nur ein ganz klein wenig schaut ihre Schnauze aus den Blättern hervor. Schaukle einfach langsam vor und zurück. Beobachte die Tiere und genieße die Ruhe, die der Garten ausstrahlt. Alles bereitet sich auf den kommenden Winter vor. Du genießt den schönen Herbsttag und lächelst. Ein warmes Gefühl füllt deinen Körper aus. Deine Arme und Beine liegen ganz ruhig. Sie sind entspannt und fühlen sich schwer an. Atme im Rhythmus des Wippens des Schaukelstuhls. Jeder Atemzug wird dich noch weiter entspannen. Langsam geht die Sonne unter. Genieße das ruhige Ende des Herbsttages und die entspannende Beobachtung der vielfältigen Tierwelt.

Der Seestern

Tief auf dem Boden des Meeres sitzen kleine Seesterne. Schließe deine Augen und stelle dir vor, wie du mit Ben über den Meeresboden gehst. Über dir siehst du die Sonnenstrahlen, die das Wasser funkeln lassen. Kleine Lichtblitze beleuchten die Muscheln, die auf dem Sand liegen. Korallen verwandeln das Meer in eine bunte Blumenwiese. Zwischen den Korallen schwimmen zahlreiche Fische. Strecke deine Hand nach den Fischen aus. Sanft berühren dich ihre Flossen. Die Schuppen der Fische glänzen im Licht der Sonne. Streiche über die Fischhaut. Sie fühlt sich warm und glatt an. Da berührt etwas deine Zehen. Ein kleiner Seestern hat dich angestupst. Er streckt seine Arme zu dir. Heb mich doch einmal hoch, sagt der Seestern. Dann kannst du mich besser verstehen. Du hebst den Seestern vorsichtig hoch und hältst ihn an dein Ohr. Wir feiern gleich eine Party, flüstert der Seestern. Möchtest du mit Ben auch kommen? Die

Seesterne schmücken gerade den Tisch. Rosafarbene und weiße Perlen glänzen auf dem Tischtuch aus Wasser. Das sieht wunderschön aus. Auf einem kleinen Felsen haben sich die Muscheln aufgestellt. Sie öffnen ihre Schalen und beginnen ein schönes Lied zu spielen. Zwei kleine Seesterne haben sich direkt in deine Haare gesetzt. Auch auf den Schultern von Ben sitzen kleine, rote Seesterne. Beim Tanzen leuchten ihre Fangarme hell auf. Schaue dir das fröhliche Glitzern an. Die Seepferdchen schweben elegant durch das Wasser. Sie drehen sich leicht im Kreis und schweben auf und ab. Die langsamen Bewegungen lassen dich ganz ruhig werden. Ben und du bekommen auch Lust zu tanzen. Ihr tanzt gemeinsam mit den Seepferdchen und den Fischen. Das ist lustig und du musst laut lachen. Jetzt sind auch noch die Krabben auf das Fest gekommen. Sie stellen sich auf und schwingen ihre Scheren im Takt der Musik. Du fühlst dich auf dem Boden des Meeres sehr wohl. Das Wasser hüllt deinen Körper wie eine schützende Hülle ein. Du fühlst dich sicher und beschützt. Nachdem Ben und du sich noch einige Zeit mit den freundlichen Meereswesen unterhalten haben, wird es langsam Zeit, sich auf den Heimweg zu machen. Zwei große, weiße Muscheln bieten sich als Kutsche an. Sie klappen ihre Schalen auf und Ben und du können sicher in den Muscheln Platz nehmen. Das Innere der Muschel ist weich und warm. Die Seepferdchen lassen sich vor die Muscheln spannen und beginnen, diese über den Sand zu ziehen. Die leicht schaukelnde Bewegung wirkt entspannend. Ben und du genießen es, mit den Muscheln über den Sand zu gleiten. Elegant umfahren die Seepferdchen einige Felsen. Schon ist der Strand zu sehen. Die Muscheln begleiten euch noch bis an den Strand. Als ihr aussteigt, hinterlasst ihr nasse Fußspuren am Strand. Der Sand ist angenehm warm. Die Wärme steigt über deine Füße in den ganzen Körper hoch. Das fühlt sich gut an. Öffne jetzt langsam deine Augen. Du fühlst dich sicher und entspannt. Bewege jetzt die Hände und kehre langsam in die Wirklichkeit zurück.

ELTERNBOX

Entspannung ist für Kinder in stressigen Situationen während des Tages besonders wichtig

Reizüberflutung blockiert die Kreativität und das Lernen. Kinder sind noch nicht in der Lage, sich den stressigen Situationen ohne Hilfe zu entziehen. Sie benötigen die Hilfe der Eltern, um eine Fantasiereise anzutreten.

Tanz auf der Wiese

Hast du schon einmal versucht, nach deinen eigenen Vorstellungen zu tanzen? Singe ein Lied oder lege eine CD ein. Schließe jetzt deine Augen und lass die Musik auf dich wirken. Du fühlst, wie die Melodie deinen ganzen Körper durchdringt. Deine Füße fangen wie von selbst an, sich zu bewegen. Beginne mit einfachen Schritten und lasse dich von der Musik tragen. Bewege die Arme im Rhythmus der Musik. Mit der Zeit kannst du dich ganz von deinen Gefühlen leiten lassen. Tanze deine eigene Choreografie und drehe dich in immer weiteren Kreisen. Deine Beine und Arme bewegen sich mit der Zeit ganz automatisch zu der Musik. Drücke mit dem Tanz deine innersten Gefühle aus. Lebe deine Fantasie voll aus. Setz dir selbst keine Grenzen. Alles ist möglich. Du musst dich einfach nur entspannen und ganz in die Melodie einfühlen. Alle Spannungen werden von dir abgleiten. Du konzentrierst dich nur auf deine Tanzschritte. Außer deiner Fantasie und einem starken Glücksgefühl hat nichts anderes mehr Platz. Binde die Natur in deinen Tanz ein. Reagiere auf das Singen der Vögel und auf den natürlichen Boden unter deinen Füßen. Richte deinen ganzen Körper nur auf deine Gefühle aus. Am Ende des Tanzes wirst du eine neue Kraft und ein starkes Gefühl des Glücks empfinden. Du hast etwas Besonderes geleistet. Dein Selbstbewusstsein ist gestärkt.

Das Kornfeld

Es ist Sommer. Setze dich hin und schließe die Augen. Du kannst die warme Sonne spüren, die deine Haut streichelt. Marie und du gehen zu dem Kornfeld am Ende des Dorfes. Die reifen Getreidekörner leuchten goldfarben im Sonnenschein. Ein sanfter Wind bewegt das Getreide und zeichnet Wellen in das Feld. Du kannst den Duft der frischen Erde riechen. Am Rande des Kornfeldes blühen rote und blaue Blumen. Die roten Blumen breiten ihre großen Blütenblätter aus und drehen sich nach der Sonne. Die blauen Blumen suchen eher einen schattigen Platz. Sie öffnen am Morgen viele kleine blaue Blüten, die am Abend wieder verblühen. Jeden Tag bringen die Blumen neuerlich Blüten hervor, die leuchtend zwischen den Mohnblumen zu sehen sind. Ein paar Meter entfernt kannst du Sonnenblumen sehen. Sie haben sich tief in der Erde verwurzelt. Die gelben Blütenblätter umgeben einen Kreis aus braunen Kernen. Die Sonnenblumen richten sich immer nach dem Stand der Sonne und folgen dem Licht. Direkt am Wegrand blühen kleine rosafarbene Blumen. Rieche doch einmal daran. Kannst du den würzigen Duft riechen? Er erinnert dich an die Küche deiner Mutter, wenn sie das Essen mit Kräutern würzt. Marie und du gehen in das Kornfeld hinein. Dabei passt du genau auf, dass das Getreide nicht zertrampelt wird. Mitten im Kornfeld liegt versteckt ein kleines Reh. Es hat sich ganz zusammengekuschelt und drückt seine Nase in das Fell. Das kleine Tier ist gar nicht ängstlich. Es stupst dich sofort mit seiner Nase an und fordert dich zum Spielen auf. Das Fell des kleinen Rehs fühlt sich an wie Seide. Deine Hand gleitet ganz sanft und ruhig über das Fell. Da kommt auch schon die Rehmutter. Sie ruft das kleine Reh zu sich und verschwindet mit ihm in dem kleinen Wäldchen. Du gehst mit Marie weiter. Da kommt ein großer Hamster über den Weg gelaufen. Seine Backen sind ganz dick. Er hat in dem Feld viele Körner gefunden, die er in den Mund gestopft hat. Der kleine Kerl kann gar nicht sprechen. Er winkt euch nur mit den Pfoten zu und läuft schnell weiter in seinen Bau. Überall in dem Feld tanzen die Schmetterlinge. Blaue, gelbe und weiße Flügel bewegen sich leicht in der Luft. Du kannst sogar ein großes Auge mit orangen Flecken auf den Flügeln sehen. Die Schmetterlinge schweben schwerelos durch die Luft. Sie lassen sich von dem Windhauch tragen und besuchen dabei die bunten Blumen. Hier haben sich inzwischen auch viele Bienen und Käfer eingefunden. Du beobachtest das lustige Treiben. Die Käfer laufen kreuz und quer durcheinander. Du fühlst dich fröhlich und musst laut lachen. Wie lustig so ein Tag mit Marie im Kornfeld doch ist. Die Sonne sinkt immer tiefer und langsam schließen die Blumen ihre Blüten. Auch die Käfer sind schon zu Bett gegangen. Jetzt ist es auch für dich Zeit, schlafen zu gehen. Du freust dich über das warme Bett, das auf dich wartet. Lass einfach die Augen geschlossen und träume von den vielen Tieren in dem Kornfeld.

Im Schwimmbad

Heute ist ein besonders schöner Tag. Die Sonne scheint heiß vom Himmel und wir gehen ins Schwimmbad. Freust du dich schon auf das Ballspielen im Wasser? Schließe einfach deine Augen. Stell dir vor, Ben und du breiten ein großes Tuch auf der Wiese aus. Lege dich auf das Badetuch. Es fühlt sich flauschig an. Die Sonne scheint in dein Gesicht. Als es zu heiß wird, spannen Ben und du einen Schirm auf. Jetzt könnt ihr angenehm im Schatten liegen. Das Wasser im Schwimmbecken glitzert verführerisch. Kleine Wellen schlagen an den Beckenrand. Hör doch dem Geräusch des Wassers zu. Der gleichmäßige Rhythmus wirkt entspannend. Dein Körper fühlt sich leicht an. Möchtest du mit Ben schwimmen gehen? Beide geht ihr zu dem Schwimmbecken. Einige Stufen führen in das klare Wasser. Steig die Stufen hinunter. Sie sind glatt und kühl. Das Wasser umspült zuerst deine Füße. Nimm noch eine Stufe. Jetzt reicht das Wasser schon bis zu deinen Knien. Nach dem Bad in der Sonne erfrischt es deinen Körper. Jetzt kommt noch die letzte Stufe. Langsam wird das Wasser tiefer. Du musst schwimmen. Bewege gleichmäßig die Arme und Beine. Dein Körper ist leicht und das Wasser trägt dich. Genieße das leichte Schaukeln der kleinen Wellen. Leg dich auf den Rücken und lass dich einfach im Wasser treiben. Alles ist so ruhig. Über dir siehst du den Himmel und die Sonne. Schwalben fliegen schnell durch die Luft. Schau, wie wendig die Vögel sind. Sie ändern ständig ihre Richtung und du kannst ihnen kaum mit den Augen folgen. Konzentriere dich jetzt auf das Wasser. Es fühlt sich frisch und kühl an. Die Sonne zaubert kleine Lichter auf der Oberfläche. Wie schön das glänzt! Es sieht aus, als würden kleine Goldplättchen im Wasser schwimmen. Du badest mitten in einem Meer aus goldenem Wasser. Nun bist du müde und steigst aus dem Schwimmbecken. Einige Wasserperlen haben sich in deinen Haaren verfangen. Sie bilden ein glitzerndes Netz auf deinem Kopf. Die Tropfen fließen über deine Haut und hinterlassen Spuren. Langsam gehst du mit Ben zu eurem Badetuch. Lege dich gemütlich hin und strecke die Beine aus. Es fühlt sich gut an, völlig entspannt auf der Decke zu liegen. Am Himmel sind einige weiße Wolken zu sehen. Manchmal schiebt sich eine kleine Wolke vor die Sonne, wandert aber gleich wieder weiter. Ben und du versuchen, die Formen der Wolken zu erraten. Manchmal sehen sie aus wie kleine Schäfchen. Dann ist ein großer Drache zu sehen, der durch die Luft zieht. Von dem Spiel bist du müde geworden. Deine Arme und Beine liegen auf der Decke. Es ist schön, einfach so ruhig dazuliegen und den Geräuschen zu lauschen. Du fühlst dich entspannt und zufrieden. Bewege jetzt langsam deine Finger und Zehen. Mach das gleiche mit deinen Armen und deinen Beinen. Konzentriere dich auf deinen Körper und fühle die sanften Bewegungen bewusst. Öffne langsam die Augen. Schau dich in deinem Zimmer um. Auch hier ist alles friedlich. Du fühlst dich gut und entspannt. Das war ein schöner Tag.

Besuch auf dem Ponyhof

Heute besuchen wir die Ponys auf dem Ponyhof. Es ist ein schöner Tag. Das Wetter ist genau richtig, um mit den Ponys auszureiten. Dein Pony ist schon gesattelt. Du steigst auf. Die Wärme des Ponys dringt tief in deinen Körper ein. Bis du sicher im Sattel sitzt, bewegt sich das kleine Pferd nicht. Es wartet, bis du mit deiner Hand sanft auf seinen Hals klopfst. Und schon geht der Ritt über die Felder los. Das Pony macht kurze, langsame Schritte. Als es spürt, dass du dich sicher fühlst, beschleunigt es seinen Gang. Du kannst die Kraft der Bewegungen gut spüren. Das Pony überträgt die Kraft und Energie auch auf dich. Du fühlst dich sicher und stark. Während du über den Feldweg reitest, kannst du die blauen Kornblumen und die roten Mohnblüten, die am Rand der Felder wachsen, bewundern. Genieße einfach den sonnigen Tag und die Natur, die sich rund um dich herum entfaltet. Dein Körper ist mit dem des Ponys verbunden. Alle Bewegungen werden gemeinsam ausgeführt. Ihr seid zu einer kleinen Einheit verschmolzen. Du lässt die Zügel locker. Das Pony beginnt, noch schneller zu galoppieren. Wie ein kleiner Wirbelwind bewegt ihr euch über das in der Sonne gelb leuchtende Feld. Der Wind lässt deine Haare wehen. Er kühlt dein Gesicht. Spüre die Freiheit, die sich aus deiner Bewegung ergibt. An einem Bach machst du mit dem Pony kurz Rast, damit ihr das köstliche Wasser trinken könnt. Erfrischt macht ihr euch auf den Rückweg. Das Pony trabt wieder direkt zu dem Ponyhof zurück. Du steigst ab und bedankst dich mit einem Apfel bei dem kleinen Pferd. Alles in dir fühlt sich glücklich und zufrieden an. Du bist ruhig und entspannt. Der schöne Ritt mit dem Pony hat deine Lebensgeister geweckt und du bist wieder bereit zu neuen Taten.

Auf Safari in Afrika

Warst du schon einmal in Afrika auf Safari? Nein? Dann ist jetzt die beste Gelegenheit, um das nachzuholen. Setze dich bequem hin und schließe deine Augen. Vor der Türe warten schon Marie und Ben auf dich. Gemeinsam werdet ihr jetzt eine Reise unternehmen. Hier gibt es viel zu sehen. Kannst du die heiße Sonne spüren, die auf das Gras scheint? Schnell setzt ihr eure Hüte auf, die kühlenden Schatten spenden. Direkt vor euch steht eine Herde Zebras. Die schwarz-weiß gestreiften Tiere kommen zutraulich auf euch zu. Aufschnaufend stecken sie die Köpfe in deine Hand. Du kannst die raue und feuchte Zunge auf deiner Handfläche spüren. Da kommen auch noch zwei Giraffen hinter den Büschen hervor. Sie spreizen die langen Beine und senken den Kopf, damit du ihre weiche Nase streicheln kannst. Du spürst die sanften, feinen Härchen, die rund um den Mund der Giraffe wachsen. Jetzt steigen Marie, Ben und du in ein Auto. Es bringt euch in das Revier des Königs der Tiere. Unter dem Schatten eines Baumes liegen Löwen. Sie haben hier Zuflucht vor der heißen Sonne gefunden. Der größte Löwe erhebt sich und kommt langsam auf euch zu. Sein Gesicht mit den freundlichen Augen ist vollständig von einer mächtigen

Mähne eingerahmt. Der Löwe begleitet dich zu seiner Familie. Die kleinen Löwen fordern dich zum Spielen auf. Sie stupsen dich sanft mit der Nase an und wollen mit dir im Schatten toben. Nachdem ihr einige Zeit mit den kleinen Löwen gespielt habt, geht die Safari weiter. Schließlich wollt ihr ja auch noch die Krokodile und Nilpferde besuchen, die sich bei einem nahen Fluss aufhalten. Direkt am Fluss ist es etwas kühler. Die Nilpferde stehen nahe am Ufer im Wasser. Wenn sie ihren Mund öffnen, kannst du die großen Zähne und die breite, rosafarbene Zunge sehen. Marie und du füttern die Nilpferde mit Grasbüscheln und Tang, der im Bereich des Ufers wächst. Da kommen auch schon einige Krokodile angeschwommen. Du kannst ihren mit Schuppen bedeckten Körper deutlich im Wasser sehen. Elegant schwimmen sie zum Ufer und lassen sich von der Sonne wärmen. Sie sehen fast aus wie die Drachen, die du aus dem Märchen kennst.

Auf dem Rückweg begegnet dir noch ein Vogel Strauß. Seine Frau hält sich ganz in der Nähe auf und beschützt das Nest mit den großen, weißen Eiern. Marie, Ben und du dürfen auf dem Strauß reiten. Seine großen, kräftigen Beine tragen euch sicher über das Gras. Die schwarz-weißen Federn fühlen sich weich und flauschig an. Kurz danach seid ihr wieder an eurem Ausgangspunkt angekommen. Ihr verabschiedet und bedankt euch bei dem großen Vogel Strauß. Marie, Ben und du fahren jetzt wieder nach Hause. Du bist wieder in deinem Zimmer. Öffne langsam deine Augen und erzähl deiner Mutter von den vielen Tieren, denen du auf der Safari begegnet bist.

Auf dem Dachboden

Direkt unter dem Dach deines Hauses befindet sich ein großer Dachboden. Dort werden allerlei Dinge gelagert. Möchtest du mit Marie nicht einmal nachsehen, was du auf dem Dachboden alles finden kannst? Schließe einfach die Augen und stell dir vor, wie ihr die Türe zum Dachboden öffnet. Hier oben ist es dunkel. Schnell zündest du einige Kerzen an. Jetzt ist wieder alles in Ordnung. Vor euch öffnet sich ein Raum voller Geheimnisse. Kästen und Truhen verbergen Geheimnisse, die ihr gleich ans Licht holen werdet. Vor dir steht eine alte Truhe aus Holz. Du fährst mit der Hand über die Oberfläche. Fühlst du die feinen Risse im Holz, die im Laufe der Jahre entstanden sind? Deine Finger bewegen sich langsam über die Vertiefungen des Holzes. Das Holz fühlt sich wie eine Landschaft an. Marie und du öffnen das Schloss der Truhe. Langsam klappt ihr den Deckel nach oben. Im Inneren liegen verschiedene Kleidungsstücke. Ein großer Spiegel lehnt in der Ecke. Ideal, um sich zu verkleiden. Du nimmst einen langen Pullover aus der Truhe. Die blaue Baumwolle fühlt sich kuschelig an. Zieh den Pullover einmal an. Marie hat noch einen zu dem Pullover passenden Hut und Schuhe gefunden. Die Schuhe sind dir zu groß. Du machst unsicher einige Schritte. Konzentriere dich auf alle Muskeln, damit du dein Gleichgewicht halten kannst. Marie hat sich inzwischen auch verkleidet. Sie trägt eine gelbe Bluse und einen eleganten, dunkelgrünen Rock. Jetzt öffnest du die Türen eines Kastens. Du kannst das knarrende Geräusch beim Öffnen hören. Im Kasten liegt altes Spielzeug. Ein hellbrauner Teddybär schaut dich mit großen Augen an. Du nimmst ihn heraus und klopfst den Staub aus seinem Pelz. Halte den Bären ganz fest. Wenn du ihn drückst, kannst du die Füllung aus Sand fühlen. Neben dem Teddybären liegt ein bunter Kreisel. Stell ihn auf den Boden. Er beginnt sich zu drehen. Die aufgemalten Punkte tanzen auf und ab. Du kannst ihnen kaum mit den Augen folgen. Jetzt erkunden Marie und du noch den hinteren Teil des Dachbodens. Mit Marie zusammen hast du keine Angst. Du fühlst dich stark und sicher und bist bereit, ein Abenteuer zu erleben. Hier steht ein alter Schreibtisch. Du versuchst, die Schubladen zu öffnen und hinter seine Geheimnisse zu kommen. Zieh doch einmal an einer Schublade. Sie klemmt etwas und du musst deine ganze Kraft aufwenden, um sie herauszuziehen. Du fühlst, wie stark du bist. In dem Fach liegen alte Briefe, die mit einem Band zusammengebunden sind. Daneben findest du noch Fotos von deinem Vater und deinen Großeltern. Du fühlst dich beim Betrachten der Fotos glücklich. Deine Familie wird immer für dich da sein. Langsam brennt die Kerze herunter. Die Flamme ist ganz ruhig und wird immer kleiner. Die Schatten erobern den Dachboden zurück, aber du fühlst keine Angst mehr. Die schönen Erinnerungen an frühere Zeiten beruhigen dich.

Besuch bei Familie Igel

Erinnerst du dich an die putzigen Stachelgesellen, die du neulich im Garten beobachtet hast? Heute wirst du der Igelfamilie einen Besuch abstatten. Stell dir vor, du befindest dich im Garten. Der Herbstwind hat schon fast die ganzen Blätter von den Bäumen geweht. Lustig spielt der Wind mit den bunten Blättern und lässt sie immer wieder in der Luft tanzen. In einer Ecke des Gartens hat sich ein ganzer Haufen Laub angesammelt. Du hörst von dort ein leises Rascheln. Da schaut auch schon eine kleine Nase aus dem Laubhaufen. Ein Igel kommt heraus. Willst du mit mir spielen? fragt er. Du läufst mit dem Igel um die Wette. Die trockenen Blätter rascheln unter deinen Füßen. Komm, sagt der kleine Igel. Ich lade dich in unser Haus ein. Es ist gleich da hinter dem Himbeerstrauch. Du folgst dem kleinen Igel bis zu seinem Haus. Es liegt versteckt unter Steinen und Moos. Die Wände sind gut durch aufgeschichtetes Laub vor der Kälte geschützt. Im Inneren ist es sehr gemütlich. Mama Igel hat ein Feuer im Herd angezündet. Du kannst den Duft von gebratenen Äpfeln riechen. Der Tisch in der Mitte des Raumes ist mit einer hübschen, rot karierten Tischdecke gedeckt. In der Mitte des Tisches steht eine Schüssel mit den warmen Äpfeln. Jeder bekommt einen leckeren Apfel auf seinen Teller. Die Fülle aus Rosinen und Nüssen schmeckt besonders gut. Nach dem Essen zeigt dir der kleine Igel das Haus. Direkt neben der Stube befindet sich eine Speisekammer, die für den Winter schon prall mit leckerem Gemüse, Obst und anderen Köstlichkeiten gefüllt ist. Die Igelfamilie hat gut für den kalten Winter vorgesorgt. In der Kinderstube des kleinen Igels ist es gemütlich warm. In der Ecke steht ein kleines Bett aus Baumrinde, das Vater Igel selbst gebaut hat. Du findest das kleine Zimmer sehr gemütlich. Es erinnert dich an dein eigenes Zimmer im Haus deiner Eltern. Jetzt wird es langsam Zeit, dass du dich wieder auf den Heimweg machst. Da es schon früh dunkel wird, bittet Mama Igel einen Leuchtkäfer, für die Beleuchtung des Weges zu sorgen. Im Garten ist es ganz still. Die Bienen und Vögel schlafen schon. Nur eine kleine Maus huscht noch vor dir über den Weg. Sie hat sich verspätet und möchte nicht zu spät zum Abendessen nach Hause kommen. Als du das Haus erreichst, verabschiedet sich der Leuchtkäfer. Er geht jetzt auch schlafen. Müde kommst du in dein Zimmer. Hier ist schon dein Bett gemütlich zurechtgemacht. Auf dem Tisch daneben stehen ein Glas Milch und ein Teller mit Keksen. Das Nachtlicht ist eingeschaltet und taucht das Zimmer in ein sanftes Licht. Du gehst noch einmal zum Fenster und schaust in den Garten. Sicher liegt auch der kleine Igel schon in seinem Bett und schläft tief und fest. Öffne die Augen und schau dich im Zimmer um. Wie friedlich und ruhig alles ist! Du wirst jetzt sicher gut schlafen. Und morgen kannst du den kleinen Igel wieder besuchen.

Reise mit der Dampflokomotive

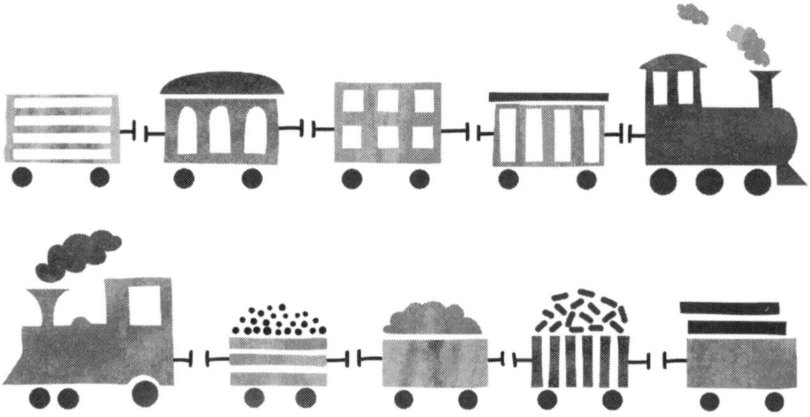

Lehne dich entspannt im Sessel zurück und schließe deine Augen. Sitzt du auch bequem? Heute wirst du mit Marie mit einer Dampflokomotive fahren. Die schwarze Lokomotive steuert schon in den Bahnhof. Sie kündigt sich mit einem schrillen Pfeifen an. Aus ihrem Schornstein strömt dicker, grauer Rauch. Direkt hinter der Lokomotive ist ein kleiner Wagen angehängt, in den Marie und du einsteigen. Ihr setzt euch auf die gemütlichen Sitze und schaut aus dem Fenster. Noch einmal ertönt die Pfeife und schon geht die Fahrt los. Die Räder rattern gleichmäßig über die Schienen. Du bist durch das Geräusch völlig entspannt. Vor dem Fenster zieht eine wunderschöne Landschaft vorbei. Die Lokomotive fährt über Berge und durch Täler. Wenn ein Tunnel kommt, wird es kurz in dem Waggon ganz dunkel. Du kannst die Gesichter von Marie und dir sehen, die sich in der Fensterscheibe spiegeln. Schnell erreicht die Eisenbahn das Ende des Tunnels. Es wird wieder hell. Gleich kommt ein kleines Dorf mit einem Bahnhof. Die roten Dächer sind in der Ferne schon gut zu sehen. Die Kirchturmspitze ragt hoch hinauf und berührt die Wolken. Der Zug hält im Bahnhof an. Auf dem Bahnsteig sind fröhliche Menschen zu sehen, die lachen und winken. Schon setzt sich die Lokomotive wieder in Bewegung. Marie und du dürfen nach vorne in den Fahrerstand gehen. Hier brennt in dem Kessel ein großes Feuer. Es treibt die Lokomotive an. Der Fahrer muss immer wieder Kohle nachladen, damit das Feuer nicht erlischt. Direkt neben dem Feuer ist es sehr warm. Der Zug fährt jetzt einen Berg hinauf. Links und rechts sind Wiesen zu sehen, auf denen bunte Blumen blühen. Die Räder der Lokomotive erzeugen kleine, rote Funken, die in das Gras fliegen und dort verglühen. Bei der nächsten Station hat auch die Lokomotive Durst. Der Kessel muss mit Wasser gefüllt werden. Schau, wie sich die Lokomotive freut, dass sie frisches Wasser erhält. Ihr Mund zwischen den vorderen Scheinwerfern verzieht sich zu einem breiten Lachen. Das schaut so lustig aus, dass auch Marie und du lachen müssen. Kommt, steigt wieder ein, dann können wir noch weiter bis in die nächste Stadt fahren, sagt die Lokomotive. Gut gelaunt steigen Marie und du wieder in den Zug. Ihr seid gespannt, welche Abenteuer auf der Strecke noch auf euch warten. Direkt neben den Schienen befindet sich eine Weide. Ziegen und Schafe toben darauf herum. Die Tiere machen so lustige Sprünge, dass du lachen musst. Du bist fröhlich und entspannt und freust dich schon darauf, deinen Eltern alles über die lustige Zugfahrt zu erzählen. Da ist schon der Zielbahnhof. Auch die Lokomotive ist schon ganz müde von der Anstrengung der langen Fahrt. Sie schnauft noch einmal auf und fährt dann auf ein Seitengleis, um sich für die nächste Fahrt auszuruhen. Müde von deinem Abenteuer gehst auch du nach Hause. Du fühlst dich leicht erschöpft, aber glücklich. Schnell schläfst du ein und träumst noch einmal von der lustigen Zugreise.

ELTERNBOX

Warum sind Fantasiereisen während des Tages zur Entspannung für dein Kind wichtig?

Auch Kinder sind im Alltag immer wieder mit Problemen konfrontiert. Können sie diese nicht bewältigen, entsteht Stress. In der heutigen Zeit werden die Anforderungen im Alltag in der Schule und auch zu Hause immer größer. Die Zeit wird genau durchgeplant. Auch Freizeitaktivitäten finden nach dem Kalender statt. Für Freiraum und Entspannung bleibt da kaum Zeit. Umso wichtiger ist es für dein Kind, einen sicheren Rückzugsort zu haben. Hier kann es loslassen und entspannen. Die Fantasiereisen geben dem Kind die Kraft, Probleme besser zu bewältigen. Wichtig ist, sich für diese Gedankenreisen immer ausreichend Zeit zu nehmen. Das Kind entscheidet, wie lange es sich in der Fantasiewelt befinden möchte. Damit die Entspannung auch anhält, sollte dein Kind das Tempo vorgeben.

Der kleine Clownfisch sucht ein neues Heim

Schließe deine Augen. Du stehst am Ufer eines großen Meeres. Ben wartet schon auf dich. Gemeinsam werdet ihr tauchen gehen. Langsam gehst du in das Wasser. Die Wellen berühren leicht deine Knie. Es fühlt sich an, als ob das Wasser dich streicheln möchte. Du tauchst ganz in das Wasser ein. Dein Körper wiegt sich sanft im Rhythmus der Wellen. Jetzt tauchen Ben und du in die Tiefe. Das blaue Wasser hüllt dich vollständig ein. Du tauchst immer tiefer und tiefer. Schon kannst du den Meeresboden sehen. Da schwimmt ein gelb-blau gestreifter Clownfisch an dir vorbei. Er betrachtet jede Pflanze ganz genau. Was machst du denn hier? fragst du den Fisch. Ich suche nach einem neuen Zuhause. Wollt ihr mir helfen? Gemeinsam schwimmt ihr über den Meeresboden. Du entdeckst einen kleinen Steinhaufen. Das Wasser hat die Steine fest übereinandergeschichtet. Die Oberfläche ist mit grünen Algen bewachsen. Doch dem Clownfisch gefällt das Steinhaus nicht. Er möchte mehr Platz haben, damit auch seine Familie mit einziehen kann. Auf der Suche nach dem neuen Haus findest du eine schöne Muschel. Die Oberfläche glitzert hell. Du hebst die Muschel auf. Die Schale ist dünn, aber hart. Steck die Muschel doch in deinen Beutel. Du kannst sie dem Clownfisch schenken, wenn er ein neues Haus gefunden hat. Das Schwimmen fällt dir und Ben leicht. Fröhlich schwimmt der Clownfisch vor euch her. Du lässt dich immer mehr vom Wasser tragen. Das Gefühl der Schwerelosigkeit ist sehr angenehm. Du fühlst dich wie eine Feder, die vom Wind durch die Luft getragen wird. Vor euch befindet sich ein großes Korallenriff. Es ist überall mit weißen, roten und gelben Korallen überzogen. Schau dir die Korallen aus der Nähe an. Mit ihren feinen Ärmchen, die sich im Wasser bewegen, wirken sie wie lebendige Blumen. Vor dem Korallenriff haben sich bunte Anemonen auf den Steinen festgesetzt. Auch sie strecken ihre langen Fangarme weit in das Wasser hinaus. Du streichst vorsichtig über eine Anemone. Sofort zieht diese ihren Arm zurück. Erst als sie sich an deine sanften Berührungen gewöhnt hat, lässt sie ihre Arme weit ausgestreckt durch das Wasser schweben. Der Clownfisch schwimmt schnell zwischen den Fangarmen der Anemonen hin und her. Hier ist es schön und er möchte gerne an diesem Ort mit seiner Familie wohnen. Jetzt muss nur noch die Wohnung eingerichtet werden. Du schenkst dem Clownfisch die Muschel, die sich in deinem Beutel befindet. Inzwischen schließt der Fisch Freundschaft mit den anderen Bewohnern des Korallenriffs. Eine lustige Gesellschaft von Seepferdchen und anderen Fischen hat sich da zusammengefunden. Ihr schwimmt gemeinsam mit den Fischen um die Wette. Zwischen den Pflanzen und den anderen Fischen fühlst du dich sehr sicher. Nichts kann dir etwas anhaben. Die Familie des Clownfischs ist auch schon angekommen. Sie bewundern ihr neues Zuhause. Öffne jetzt langsam deine Augen. Du bist wieder zurück in deinem Zimmer. Hier bist du sicher und fühlst dich wohl. Denn zu Hause ist dort, wo deine Freunde und deine Familie sind.

Zuckerwatte

Auf dem Jahrmarkt besuchst du einen Stand mit Zuckerwatte. Die luftig leichte Süßigkeit leuchtet in den Farben rosa, blau, grün und weiß. Jede Farbe wirkt appetitlich. Besonders gut gefällt dir die blaue Zuckerwatte. Ständig dreht ein Mann neue Spieße, die mit frischer Zuckerwatte umwickelt werden. Du stehst vor dem Stand und kannst den leichten süßen Geruch der Zuckerwatte riechen. Das Wasser läuft dir im Mund zusammen. Der Mann reicht dir einen Spieß mit der blaufarbenen Wolke. Die Zuckerwatte fühlt sich leicht und luftig an. Vorsichtig tauchst du die Zunge in die süße Wolke. Die Zuckerkristalle beginnen auf deiner Zunge zu schmelzen. Du kannst den süßen Geschmack deutlich in deinem ganzen Körper fühlen. Mit den Fingern reißt du vorsichtig immer wieder ein neues Stück der Zuckerwatte ab. Es fühlt sich leicht klebrig an. Du steckst die süße

Watte in deinen Mund und genießt das wohlige Gefühl. So genießt du langsam Stück für Stück deiner Zuckerwatte. Du schließt die Augen und gibst dich ganz dem Genuss hin. Jetzt wird auf dem Verkaufsstand auch noch Musik gespielt. Sie passt genau zu der Zuckerwatte. Leicht erklingen die süßen Töne und schmeicheln sich in deine Ohren. Du hast das Gefühl, auf einer großen Wolke zu schweben und auf den Jahrmarkt hinunter zu schauen. Direkt neben dir dreht sich ein Karussell mit Holzpferden. Du setzt dich auf ein Pferd und lässt dich langsam im Kreis herum tragen. Mit jeder Runde fühlst du dich glücklicher und zufriedener. Wie schön und leicht das Leben doch sein kann. Das Pferd wippt im Takt der Musik. Wenn du die Augen schließt, hast du das Gefühl, mit dem Pferd durch eine wunderschöne Landschaft zu reiten. Jetzt endet die Musik. Das Karussell steht still. Du steigst ab und kostest noch einmal das schöne Glücksgefühl aus. Du fühlst dich entspannt und zufrieden.

Die Tiere feiern Weihnachten

Freust du dich schon auf Weihnachten? Bald ist es wieder so weit. Der Tannenbaum, unter dem die Geschenke liegen, steht festlich geschmückt im Zimmer. Aber auch die Tiere im Wald feiern Weihnachten. Möchtest du sie besuchen? Stell dir vor, dass du mit Marie durch den Wald gehst. Der Boden ist mit einer dicken Schneedecke überzogen. Auch auf den Bäumen liegt glitzernder Schnee. Obwohl die Sonne scheint, ist die Luft kalt. Du wickelst dich in eine warme Jacke. Eine Mütze und Handschuhe schützen dich vor der Kälte. Langsam stapfen Marie und du durch den tiefen Schnee. Das ist ganz schön anstrengend. Deine Beine fühlen sich schon schwer an. Mit der Zeit werden immer mehr Tierspuren im Schnee sichtbar. Schau sie dir ganz genau an. Kannst du erkennen, zu welchem Tier sie gehören? Nur noch wenige Schritte. Dann habt ihr die Spitze des Hügels erreicht. Hier steht ein Tannenbaum, den die Tiere schön geschmückt haben. An seinen Zweigen hängen Nüsse, Beeren, rotbackige Äpfel und Karotten. Auf den Zweigen liegt gefrorener Schnee, der im Mondlicht funkelt. Ein kleines Sternchen hat sich genau über die Spitze des Weihnachtsbaumes gestellt und leuchtet fröhlich. Wie bei dir zu Hause befinden sich unter dem Baum Geschenke. Heu und Kräuter für die Rehe, Käse für die Mäuse, Karotten für die Hasen und Sonnenblumenkerne für die Vögel. Auch für die Katze und den Hund, die zu Besuch gekommen sind, liegen Geschenke unter dem Baum. Alles ist friedlich und still. Die Tiere sitzen nebeneinander und wärmen sich gegenseitig mit ihrem Fell. Marie und du setzen sich zu den Tieren. Die Vögel haben sich inzwischen auf die Zweige des Weihnachtsbaums gesetzt und singen Weihnachtslieder. Alle stimmen ein, als „Stille Nacht, Heilige Nacht" erklingt. Du kuschelst dich ganz eng an die Katze an. Ihr Fell wärmt dich und du streichelst sie sanft. Die Katze schnurrt und wünscht dir schöne Weihnachten. Die Eule hält eine Weihnachtsansprache. Ja, am Weihnachtsabend können auch die Tiere sprechen. Alle hören gespannt zu. Danach geht es an das Verteilen der Geschenke. Jeder hat etwas Leckeres bekommen. Für den Bären steht ein Honigtopf bereit. Für Marie und dich liegen einige Kekse und ein schöner Apfel unter dem Baum. Alle schmausen zufrieden vor sich hin. Die Nasen der Häschen wippen auf und ab, als sie an den Karotten nagen. Die Maus knabbert in Ruhe an ihrem Käse. Die Vögel sitzen jetzt bei den anderen Tieren und picken die Sonnenblumenkerne auf. Kannst du spüren, wie friedlich alles ist? Jeder fühlt sich sicher und geborgen. Zum Abschied singen alle Tiere noch einmal gemeinsam ein Weihnachtslied. Eine aberwitzige Wolke hat sich vor das freundliche Gesicht des Mondes geschoben. Auch der kleine Stern ist weitergezogen und der Weihnachtsbaum steht im Dunkeln. Langsam kehren die Tiere in ihr Zuhause zurück. Auch du bist wieder in deinem Zimmer. Öffne die Augen und schau dich langsam um. Auch hier ist alles schön und ruhig. Gleich wird die goldene Glocke läuten, mit der dich deine Eltern zu dem liebevoll geschmückten Weihnachtsbaum rufen.

Das Friesenhaus

Mitten zwischen den Dünen steht versteckt ein kleines Friesenhaus. Sein Dach ist mit geschnittenem Schilf gedeckt. Es sieht aus wie die Stacheln eines Igels. Die Wände sind weiß gestrichen. An ihnen blühen duftende rosa und gelbe Kletterrosen. Die blauen Fensterläden des Hauses sind weit geöffnet und heißen Besucher freundlich willkommen. An den Scheiben hängen Spitzengardinen, die die Bewohner vor neugierigen Blicken schützen. Direkt neben der Türe steht eine blau gestrichene, gemütliche Holzbank. Hier kannst du dich setzen und auf die blaue Ostsee schauen. Das Meer macht einen friedlichen Eindruck. Die Wellen bilden kleine, weiße Schaumkronen, die in der Sonne glitzern. Sie spielen mit den Sandkörnern des Strandes und spülen diese immer wieder an das Ufer oder zurück in das Meer. In der Dämmerung laufen große, rote Krabben über den Strand. Ihre Scheren bewegen sich schnell und klappern. Die spitzen

Füße hinterlassen kleine Abdrücke im Sand, die von den Wellen weggespült werden. In dem Stall neben dem Haus steht ein Pony. Sattle es und galoppiere mit ihm durch das Wasser. Das Wasser spritzt hoch und macht deine Füße nass. Das Pony läuft schnell den Strand entlang. Der Wind verfängt sich bei dem Ritt in deinen Haaren. Du hebst deine Arme und fühlst dich frei wie der Wind. Jetzt wird das Pony wieder langsamer. Es möchte zurück in seinen Stall. Du reitest im Schritt zurück. Dabei lässt du die Zügel locker, damit das Pony immer wieder etwas Gras fressen kann. Hinter dem Friesenhaus weidet eine Schafherde. Ein großer brauner Hund beschützt die Schafe und sorgt dafür, dass sie nicht die Weide verlassen. Er liegt direkt am Zaun und scheint zu dösen. Doch als du dich näherst, öffnet er sofort seine Augen und schaut wachsam um sich. Die Schafe kommen an den Zaun und lassen sich von dir streicheln. Du kannst deine Finger tief in der warmen Wolle vergraben. Die Nase des Schafs ist weich und leicht feucht. Die Zunge, die über deine Hand fährt, bringt dich zum Lachen. Jetzt kommt auch der Hund an den Zaun. Er streckt dir den Kopf hin und möchte hinter seinen Ohren gekrault werden. Du streichelst den Hund und er brummt dabei zufrieden vor sich hin. Du kommst zurück und siehst, dass bei der Bank ein kleiner Tisch steht. Auch er ist in einer freundlichen, blauen Farbe gestrichen. Auf dem Tisch liegt eine Tischdecke mit bunten Blumen. Auf einem Teller ist ein Stück Käsekuchen angerichtet. Riechst du den süßen Duft des Kuchens? Iss ein Stück. Du schmeckst sofort das säuerliche Pflaumenmus, das den Boden des Kuchens bedeckt. Eine Tasse ostfriesischer Tee wärmt deine Hände. Jeder Schluck fließt angenehm warm bis in deinen Magen. Du fühlst dich geborgen und entspannt. Die Ruhe und die Schönheit der Landschaft dringen bis tief in deine Seele ein. Langsam geht die Sonne unter und taucht den Strand in ein sanftes, rotes Licht. Kehre jetzt wieder in dein Zimmer zurück. Du bist wieder zu Hause. Öffne deine Augen. Du fühlst noch immer das Glück und die Entspannung.

Besuch im Märchenschloss

Komm, setze dich bequem auf das Sofa und schließe deine Augen. Stell dir jetzt eine Landschaft mit vielen grünen Hügeln vor. Du wanderst mit Marie und Ben durch die Landschaft. Schau, da vorne liegt ein Dorf, sagt Ben. Schon habt ihr die kleinen Märchenhäuser erreicht. Die Leute grüßen euch freundlich. Du fühlst dich willkommen und sicher. Über dem Dorf steht auf einer Anhöhe ein schönes, weißes Schloss. Seine Türmchen wirken wie aus zierlichem Zuckerguss. Die Fenster sind einladend geöffnet. Marie, Ben und du steigen den Hügel zu dem Schloss hinauf. Am Rand des Weges wachsen köstliche Erdbeeren. Du pflückst einige der Früchte und steckst sie in deinen Mund. Sie schmecken saftig und süß. Vor dem Schloss liegt ein Garten mit einem Springbrunnen. Das Wasser sprudelt mit einem hohen Strahl in die Luft und fließt über kleine Stromschnellen in das Becken zurück. Im untersten Becken baden kleine Vögel im Wasser.

Du tauchst deine Hände in das klare Wasser. Es fühlt sich angenehm kühl auf deiner Haut an. Als Marie, Ben und du das Märchenschloss erreicht haben, öffnet sich die Türe. Ein Mädchen in einem goldenen Kleid bittet euch in das Schloss hinein. Die Zimmer sind wunderschön mit silbernen Möbeln eingerichtet. Vor den Fenstern hängen luftige Vorhänge. In einem Raum steht ein festlich mit Blumen und feinem Porzellan gedeckter Tisch. Das Mädchen setzt Ben, Marie und dir einen Blumenkranz auf. Dann nehmt ihr alle gemeinsam an dem Tisch Platz. In der Mitte steht ein Schoko-Brunnen, aus dem köstliche Schokolade sprudelt. Ihr taucht die Trauben in die Schokolade. Die braune Creme hüllt die Obststücke vollständig ein. Jetzt steckst du dir ein Stück in den Mund. Zuerst schmeckt es süß. Sobald du hineinbeißt, schmeckst du die saftige Traube. Kannst du den Geschmack in deinem Mund spüren? Nach dem Essen geht ihr in den Garten, um Fangen zu spielen. Ben, Marie, du und das Mädchen laufen vergnügt um die Wette. Du spürst dabei den Wind, der sich in deinen Haaren verfängt. Jetzt ist es aber Zeit, sich wieder auf den Heimweg zu machen. Ihr verabschiedet euch von dem Mädchen und versprecht, bald einmal wieder zum Spielen zu kommen. Das Märchenschloss bleibt immer weiter hinter euch zurück. Als du dich noch einmal umdrehst, kannst du sehen, wie sich die Strahlen der untergehenden Sonne in den Türmchen des Schlosses spiegeln. Der Weg nach Hause kommt dir viel kürzer vor als der Weg zum Schloss. Spürst du schon, wie müde deine Füße sind? Aber es ist ja nicht mehr weit. Schon bist du wieder in deinem Zimmer. Du kannst deine müden Beine hochlegen und langsam die Augen öffnen. Das war ein schöner Ausflug.

Schlittschuhlaufen am Teich

Lehne dich zurück und schließe deine Augen. Stell dir einen schönen Teich vor. Es ist kalt und an der Oberfläche des Wassers befindet sich eine dicke Eisschicht. Das Ufer ist mit Schnee bedeckt. Hier stehen gemütliche Bänke, auf denen sich die Schlittschuhläufer ausruhen können. Auch der Stand mit heißem Tee, gebrannten Mandeln und Maroni hat schon geöffnet. Die Maroni rösten in dem Ofen. Frisch und heiß packt sie der Verkäufer in weiße Papiertüten. Du kaufst eine Tüte Maroni. Die Wärme dringt durch deine Handschuhe und lässt deine Hände angenehm warm werden. Befreie jetzt eine Maroni von ihrer Schale und stecke sie in den Mund. Sie ist warm und weich. Die Maroni schmeckt zugleich salzig und süß. Du setzt dich auf eine Bank und ziehst deine Schlittschuhe an. Langsam schnürst du die Schuhe zu. Du freust dich schon darauf, über das glitzernde Eis zu gleiten. Marie ist auch schon bereit. Ihr fasst euch an den Händen und beginnt über das Eis zu laufen. Die Eisfläche ist ganz glatt. Mühelos gleitest du darüber. Über Lautsprecher erklingt leise Musik. Einige Paare tanzen zu der Musik auf dem Eis. Du probierst einige Figuren aus. Es ist ganz leicht, sich auf dem Eis zu drehen. Du drehst dich immer schneller. Du fühlst dich so frei wie ein Vogel, der durch die Luft fliegt. Lustig gleiten Marie und du weiter über die Eisfläche. Du fühlst dich müde. Ihr macht eine Pause. Hol dir doch Tee und etwas Süßes am Verkaufsstand. Der heiße Tee wärmt deine Hände und lässt das Kältegefühl verschwinden. Du kaufst eine Tüte gebrannter Mandeln für Marie und dich. Sie sind hart und knackig. An der Oberfläche befindet sich eine Schicht aus Zucker. Die Mandeln glänzen verführerisch in der Tüte. Steck doch eine in den Mund. Schmeckst du, wie süß sie ist? Du läufst mit Marie noch eine weitere Runde auf dem Eis. Die leichten und gleitenden Bewegungen fühlen sich gut an. Langsam läufst du weiter über die Eisfläche. Setze immer einen Fuß vor den anderen und koste die Bewegungen voll aus. Das gleichmäßige Gleiten entspannt dich und erfüllt dich mit innerer Ruhe. Du bist entspannt und dein ganzer Körper fühlt sich gelöst an. Die Sonne wärmt mit ihren Strahlen freundlich dein Gesicht. Schau einmal auf die anderen Eisläufer. Auch sie genießen es, schwerelos über das Eis zu gleiten. Die Leute lachen und auch du bist fröhlich und glücklich. Nutze die noch verbleibende Zeit, um weiter mit Marie über die Eisfläche zu gleiten. Höre tief in dich hinein. Was spürst du? Du fühlst nur Frieden und Glück. Die Stimmen der anderen Eisläufer dringen aus weiter Ferne zu dir. Du hast dich von allen Problemen und Ängsten gelöst. Koste das Glücksgefühl voll aus. Langsam kehrst du in die Realität zurück. Du bist in deinem vertrauten Zimmer. Bewege vorsichtig deine Beine und Arme. Erinnerst du dich noch an das Gefühl, schwerelos über das Eis zu gleiten? Denke immer an diesen schönen Moment zurück.

Besuch bei Oma und Opa

Heute wollen wir Oma und Opa besuchen. Lege dich bequem hin und schließe deine Augen. Kannst du das Haus und den Garten deiner Großeltern sehen? Die Sonne scheint. Der Wind streicht leicht durch die Blätter der Bäume. Auf der Wiese blühen viele verschiedene Blumen. Sie schwingen ihre Köpfe im Wind. Du fühlst, wie friedlich der Garten ist. Da kommen Oma und Opa aus dem Haus. Opa trägt einen Hut, der ihn vor der Sonne schützt. Er hat seine Brille aufgesetzt, damit er dir später etwas vorlesen kann. Oma hat ihre grauen Haare zu einem Knoten aufgesteckt. Sie winkt mit den Händen. Komm, der Tisch ist schon gedeckt. Ich habe extra für dich Kuchen gebacken. Du riechst den Duft des frischen Kuchens. Er duftet köstlich nach Schokolade und Nüssen. Oma hat Kaffee gekocht. Sie gibt dir ein Körbchen. Pflück mir doch schnell einige Himbeeren, dann mache ich dir noch frische Limonade, sagt Oma. Du gehst mit dem Korb in den Garten. Die Himbeersträucher wachsen im hinteren Bereich. Unter deinen Füßen beugen sich die Grashalme. Der Boden fühlt sich wie ein weiches Kissen an. Längere Grashalme kitzeln deine Knöchel. Du musst lachen. Jetzt stehst du bei den Himbeersträuchern. An den Zweigen hängen viele leuchtend rote Himbeeren. Sie bilden rote Punkte zwischen den grünen Blättern. Du steckst eine Himbeere in den Mund. Die Frucht zerplatzt und süßer Saft breitet sich auf deiner Zunge aus. Kannst du die reifen Himbeeren schmecken? Jetzt beginnst du, den Korb zu füllen. Pflücke vorsichtig eine Himbeere nach der anderen und lege sie in den Korb. Jetzt ist der Korb voll. Gehe langsam und vorsichtig zurück zum Haus, damit du die Himbeeren aus dem Korb nicht verlierst. Konzentriere dich auf jeden Schritt. Du fühlst den weichen Boden unter deinen Füßen. Deine Großmutter geht in die Küche. Kurz darauf kommt sie mit köstlicher Himbeerlimonade zurück. Nimm einen Schluck. Die Limonade schmeckt frisch und süß. Dein Durst verschwindet sofort. Gemütlich sitzt du mit Oma und Opa am Tisch. Ein Sonnenschirm spendet Schatten. Die leichte Windbrise streicht über dein Gesicht. Sie kühlt angenehm deine Haut. Alles ist ruhig und entspannt. Im Garten zwitschern die Vögel. Bienen und Hummeln fliegen zwischen den Blumen hin und her und sammeln Nektar für den Honig. Jetzt kommt eine Hummel ganz nahe an dein Ohr. Hörst du, wie sie vor sich hin brummt? Wenn du ganz genau zuhörst, kannst du auch das Schlagen der kleinen Flügel hören. Die Hummel setzt sich auf den Rand deines Glases. Schau sie dir genau an. Siehst du die feinen Haare, die ihren Körper bedecken. Strecke den Finger aus und berühre die Hummel vorsichtig. Sie ist flauschig und weich. Tauche deinen Finger in die Limonade und gib der Hummel einen Tropfen. Als sie trinkt, kitzelt das auf deinem Finger. Du bist glücklich und entspannt. Es ist schön, bei Oma und Opa im Garten zu sitzen. Öffne jetzt langsam wieder die Augen. Du fühlst dich gut.

Auf einem Blatt fliegen

Heute ist ein schöner Herbsttag. Die Sonne schickt noch warme Strahlen auf die Erde. Es ist kaum ein Wölkchen am Himmel zu sehen. Die rot und gelb gefärbten Blätter der Bäume sind bereits von den Ästen gefallen. Lustig fährt der Wind immer wieder in die Laubhaufen und treibt die Blätter vor sich her. Möchtest du einmal auf einem Blatt fliegen? Mach deine Augen zu. Ben wartet schon im Garten auf dich. Gemeinsam sucht ihr nach einem Blatt, das groß genug ist, um euch beide zu tragen. Der Wind weht ein schönes, rot gefärbtes Ahornblatt vor deine Füße. Du bewunderst die feinen Adern, die auf der Blattoberfläche zu sehen sind. Gemeinsam mit Ben setzt du dich auf das Blatt. Da kommt schon der nächste Windstoß und hebt das Blatt in die Luft. Halte dich gut fest. Das Ahornblatt schaukelt durch die Luft. Es wird höher und höher getragen. Unter dir wird alles ganz klein. Die Menschen sehen aus wie Ameisen, die eifrig durcheinanderlaufen. Vorbei geht es an hohen Schornsteinen und Kirchtürmen. Elegant fliegt das Blatt an einer Brücke vorbei. Bald sind auch die Häuser der Stadt kaum mehr zu sehen. Fröhlich lassen Ben und du sich mit dem Blatt durch die Luft tragen. Immer wieder fliegen auch andere Blätter vorbei. In einiger Entfernung seht ihr die hohen Berge, deren Spitzen fast bis in den Himmel reichen. Der Flug ist so aufregend, dass du vor Vergnügen strahlst. Ein toller Spaß! Alle Probleme und Sorgen sind auf einmal ganz weit weg. Du fühlst dich frei und musst laut lachen. Langsam lässt der Wind nach. Jetzt müsst ihr euch gut an dem Blatt festhalten. In kreisenden Bewegungen beginnt es langsam in die Tiefe zu sinken. Schon ist der Garten wieder gut zu sehen. Das Blatt setzt zu einer sanften Landung an und landet mitten in dem Laubhaufen. Was für ein schöner Flug das doch war. Ben und du lachen. Das war aber auch ein besonderes Erlebnis. Die anderen Blätter lachen auch und warten schon gespannt, was ihr zu erzählen habt. Ihr bildet einen Kreis, damit auch alle Blätter gut eure Erlebnisse hören können. Als der Wind wiederkommt, tanzt ihr noch einmal ausgelassen mit den Blättern. Stehe jetzt langsam auf. Strecke deinen Körper und schau dich in der Umgebung um. Du siehst die bunten Blätter, die noch immer mit dem Wind in der Luft tanzen. Direkt vor dir und Ben liegt das Blatt, auf dem ihr die Reise unternommen habt. Erinnere dich an das schöne Gefühl, das du empfunden hast, als der Wind dich mit Ben durch die Luft getragen hat. Nimm doch das Blatt als Erinnerung mit in dein Zimmer. Du kannst es vor dem Schlafengehen anschauen und von einem weiteren Flug mit dem Wind träumen. Und wenn du wieder einmal Ärger hast, kannst du dich an das lustige Erlebnis erinnern. Fliege mit dem Ahornblatt weg und lass den alltäglichen Ärger hinter dir zurück. Du bist frei. Nichts belastet dich mehr.

ELTERNBOX

Fantasiereisen fördern die Kreativität der Kinder

Kinder müssen sich heute oft zu stark nach dem Alltag der Erwachsenen richten. Es bleibt oft keine Zeit, die eigene Kreativität auszuleben. Wurden früher noch Spiele mit anderen Kindern im Freien veranstaltet, sitzen viele Kinder heute schon früh nur vor dem Computer. Der Fantasie wird kein Raum mehr gegeben. Das Leben des Kindes ist schon früh auf den späteren Erfolg im Beruf ausgerichtet. Dadurch steigen die Anforderungen bereits im Kindergarten stark an. Platz zur Entwicklung von kreativen Gedanken bleibt keiner mehr.

Umso wichtiger ist es, die Kreativität der Kinder mit Fantasiereisen zu fördern. Hier können sie ihre eigenen Gedanken ausleben und ohne Beeinflussung durch die Erwachsenen ihre Wünsche und Vorstellungen ausleben.

Wir ernten Kirschen

Hinten im Garten steht ein alter Kirschbaum. In jedem Spätsommer trägt er zahlreiche rote Früchte. Kannst du den Duft der reifen Kirschen riechen? Damit deine Mutter einen Kuchen backen kann, willst du mit Ben die Kirschen vom Baum ernten. Die Sonne scheint und der Tag ist einfach perfekt für eine Kirschernte. Du holst eine Leiter, die im Schuppen an der Wand lehnt. Sie ist so schwer, dass du sie kaum tragen kannst. Deine Arme, die die Leiter halten, werden schwer. Da kommt auch schon Ben. Er hilft dir, die Leiter zum Baum zu tragen. Gemeinsam klettert ihr weit nach oben in den Baum. Die dünneren Zweige berühren dein Gesicht. Fühlst du, wie die grünen Blätter sanft über deine Haut streicheln? Oben im Baum ist es besonders warm. Die Sonnenstrahlen werden kaum durch die Blätter abgehalten. Eine leichte Brise kommt auf. Der Wind ist angenehm kühl. Im oberen Bereich des Baumes sind die Kirschen besonders rot und saftig. Du pflückst eine Kirsche und steckst sie in deinen Mund. Sie schmeckt so süß. Als du auf die Kirsche beißt, spritzt der Saft in deinen Mund. Du befreist mit der Zunge das Fruchtfleisch von dem Kern, den du ausspuckst. Wer von euch kann denn weiter spucken: Du oder Ben? Deine Zunge ist vom Saft der Kirschen schon ganz rot gefärbt. Jetzt ist es aber an der Zeit, einige Kirschen für deine Mutter zu pflücken. Vorsichtig legst du die reifen Kugeln in deinen Korb, damit sie nicht beschädigt werden. Ben steckt dir ein Paar Kirschen hinter dein Ohr. Wie lustig das baumelt. Du fühlst, wie die Kirschen dein Ohr kitzeln. Mit dem vollen Korb klettert ihr die Leiter wieder herunter. Jetzt stehst du wieder sicher auf dem Boden. Ben und du laufen über die Wiese. Dabei passt du gut auf, dass die Kirschen nicht aus dem Korb fallen. Auf der Terrasse steht deine Mutter. Sie freut sich über die frisch gepflückten Kirschen und verspricht euch, sofort einen Kuchen zu backen. Müde von der Ernte setzt ihr euch unter den Sonnenschirm auf der Terrasse. Der Liegestuhl ist so gemütlich. Du entspannst deine Arme und Beine und genießt es, einfach ruhig zu liegen. Deine Mutter bringt euch frische Zitronenlimonade, damit ihr euren Durst stillen könnt. Die Limonade ist selbst gemacht und riecht herrlich nach frischen Zitronen. Schau einmal, wie schön gelb sie im Glas leuchtet. Du nimmst einen Schluck. Die Limonade schmeckt gleichzeitig süß und säuerlich. Sofort lässt das Durstgefühl nach. Aus der Küche weht ein herrlicher Duft von frischem Kirschkuchen. Es geht dir gut. Du fühlst dich glücklich. Gleich wird der warme, duftende Kuchen vor dir stehen und du kannst gemeinsam mit Ben ein Stück davon essen. Komm jetzt langsam in die Wirklichkeit zurück. Du kannst deine Hände langsam bewegen. Jetzt machst du das gleiche mit den Beinen. Spürst du, wie gut sich dein Körper anfühlt. Öffne die Augen und schau dich im Zimmer um. Alles ist friedlich und schön. Und in der Küche riecht es nach Kuchen.

Der Geburtstagskuchen

Setze dich zu mir und schließe deine Augen. Stell dir vor, dass Ben morgen Geburtstag hat. Backe doch einen Geburtstagskuchen für ihn! Marie wird dir sicher helfen. Nimm einmal die Eier in die Hand. Sie sind leicht. Ihre weiße Schale besitzt leichte Unebenheiten. Jetzt schlägst du die Eier auf und trennst den Eidotter vom Eiweiß. Leuchtend gelb liegt der Dotter in der Schüssel. Streue jetzt den Zucker in die Schüssel und rühre alles einige Minuten mit einem Schneebesen. Die hellgelbe Masse sieht verführerisch aus. Du und Marie stecken den Finger hinein und kosten. Es schmeckt süß. Auf deiner Zunge kannst du noch die schmelzenden Zuckerkristalle spüren. Inzwischen hat Marie die Butter aus dem Kühlschrank geholt. Die Butter kommt zu dem Eidotter und dem Zucker. Jetzt noch den Vanillezucker dazugeben und fertig ist der erste Teil. Marie schlägt das Eiweiß, bis sich die durchsichtige Flüssigkeit in eine feste, weiße Masse verwandelt hat. Schau einmal, das sieht wie Schnee aus. Jetzt fehlt nur noch das Mehl. Marie nimmt das Vorratsglas aus dem Küchenregal und misst die richtige Menge ab. Es staubt etwas und überzieht die Arbeitsfläche mit einer pudrigen weißen Schicht. Du hast auch etwas Mehl in dein Gesicht abbekommen. Es sitzt auf deiner Nasenspitze. Du nimmst etwas Mehl und staubst Marie damit ein. Jetzt seht ihr beide wie kleine Gespenster aus. Du musst lachen. Maries Gesicht und die von Mehl bedeckten Haare sehen wirklich komisch aus. Fröhlich macht ihr weiter. Es fehlen nur noch Milch und leckere Rosinen in der Kuchenmischung. Noch einmal rühren und der Teig ist fertig. Marie hat inzwischen die Backform vorbereitet. Der Kuchenteig kommt jetzt in den Ofen. In der Schüssel ist noch ein Teigrest zurückgeblieben. Marie und du kosten. Er schmeckt süß und lecker. Schmeckst du den Teig auf deiner Zunge? Ihr kratzt die Schüssel aus. Während der Kuchen langsam bäckt, beseitigt ihr die Mehlspuren in der Küche. Aus dem Ofen kommt ein köstlicher Geruch, der sich in der Küche verbreitet. Atme langsam ein und aus. Der angenehme Geruch erinnert dich an Weihnachten und gemütliche Feiern mit deinen Eltern und Freunden. Schon ist der Kuchen fertig gebacken. Du nimmst ihn aus dem Ofen. Er soll noch gefüllt und verziert werden. Marie schneidet den Kuchen in zwei Teile. Dazwischen kommt eine leckere süße Schokoladencreme. Koste doch einmal. Die Schokolade schmilzt herrlich in deinem Mund. Sie schmeckt weich und süß. Marie überzieht den Kuchen mit grünem Zuckerguss. Du hast inzwischen die bunten Geburtstagskerzen herausgesucht. In die Mitte des Kuchens steckst du eine besonders große Kerze. Die anderen Kerzen stehen im Kreis um die große Kerze. Mit Zuckerschrift schreibt Marie „Happy Birthday“ auf den Kuchen. Das Geschenk ist fertig. Du bist stolz darauf, wie schön der Kuchen aussieht. Er wird sicher auch sehr lecker schmecken. Marie und du freuen sich schon auf die großen Augen, die Ben beim Anblick des Kuchens machen wird. Du bist stolz auf dein Werk.

Ein Besuch im Zirkus

Schließe deine Augen und stell dir vor, dass ein Zirkus in deine Stadt gekommen ist. Du kannst schon von Weitem das rot und blau gestreifte Zirkuszelt sehen. An der Spitze des Zeltes weht eine bunte Fahne. Girlanden aus farbigen Glühbirnen beleuchten das Zirkuszelt am Abend und weisen den Besuchern den Weg zur Vorstellung. Du bist schon etwas früher gekommen. Vor dem Zelt stehen Verkaufsstände, die allerlei leckere Sachen anbieten. Du riechst die Zuckerwatte und das Popcorn. Ein Mann mit einer Drehorgel steht direkt neben der Zirkuskasse. Auf seiner Schulter sitzt ein kleiner Affe, der eine lustige Mütze aufhat. Der Mann dreht die Kurbel der Orgel und es erklingt eine schöne Melodie. Du möchtest am liebsten zu dem Lied tanzen. Hörst du die Trommel. Die Artisten ziehen in die Manege ein. Du kaufst noch schnell etwas Popcorn und gehst auch in das Zirkuszelt. Die Sessel stehen in kleinen Logen, die nach vorne zu abgegrenzt sind. Alle Sessel sind mit rotem Stoff bezogen. Du setzt dich auf einen der Sessel. Die Polsterung fühlt sich weich an. Streiche doch einmal mit der Hand darüber. Das Orchester ertönt. Der Zirkusdirektor betritt in einem roten Anzug und einem schwarzen Zylinder die Manege. Er kündigt die Clowns an. Schnell füllt sich die Manege mit Leben. Die Clowns tragen zu große gestreifte Hosen und Hüte, an denen eine Blume befestigt ist. Sie blasen große Seifenblasen in die Luft. Ein Clown kommt zu dir. Er spritzt dir mit der Blume Wasser ins Gesicht. Du musst lachen. Jetzt kommt die Seiltänzerin. Bewundernd schaust du zu, wie sie auf das hohe Seil klettert. Sie trägt ein weißes Kleid und balanciert mit einem weißen Schirm. Du möchtest auch so auf einem Seil tanzen können. Jetzt sind wieder die Clowns an der Reihe. Sie werden von Hunden begleitet, die durch große Reifen springen und auf Podesten balancieren. Je länger du der Vorstellung zusiehst, umso fröhlicher wirst du. Dein ganzes Herz ist mit Lachen gefüllt und du bist nur noch glücklich. Nach der Vorstellung kaufst du noch einen roten, mit Zuckerglasur überzogenen Apfel. Die Glasur ist hart und knackig. Du brichst ein Stück von ihr ab und steckst es in deinen Mund. Sie schmeckt herrlich süß. Jetzt kannst du auch in den darunter liegenden Apfel beißen. Zerdrücke die Apfelstückchen langsam mit deiner Zunge und genieße den saftigen Geschmack des Apfels. Hinter dem Zirkuszelt steht eine Weide mit einem Esel. Strecke doch deine Hand aus und streichle das Tier. Es freut sich sicher auch über ein Stück Apfel. Halte ihm doch ein Stück hin und spüre, wie der Esel den Apfel mit seiner rauen Zunge aufleckt. Die Lichter im Zirkus erlöschen langsam. Die Musik verklingt und Ruhe kehrt ein. Die Clowns haben sich in die Zirkuswagen zurückgezogen. Du fühlst dich auch müde. Leg dich gleich in dein Bett. Du wirst nach dem Abenteuer sicher schnell einschlafen.

Der Schlitten des Weihnachtsmannes

Bald ist Weihnachten. Alle Kinder sind schon gespannt, welche Geschenke unter dem Weihnachtsbaum liegen. Auch Ben und du könnt es kaum mehr erwarten. Außerdem habt ihr euch eine Reise im Schlitten des Weihnachtsmannes gewünscht. Du freust dich schon auf die Rentiere, die den Schlitten ziehen. Am Abend vor Weihnachten ist es soweit. Der Weihnachtsmann landet mit seinem Schlitten direkt vor deinem Haus. Die Rentiere begrüßen euch freundlich. An ihrem Wagen sind zahlreiche, silberne Glöckchen befestigt, die bei jeder Bewegung fröhlich klingeln. Ben und du klettern in den Schlitten. Hier liegt ein warmes Fell, mit dem ihr euch zudecken könnt. Auf einen Ruf des Weihnachtsmannes hin beginnen die Rentiere zu laufen. Schnell steigt der Schlitten in die Höhe. Bald sind von den Häusern nur mehr die hell erleuchteten Fenster zu sehen. Sie glitzern in der dunklen Nacht und erinnern dich an dein eigenes Haus und deine Familie. Du kletterst nach vorne zu den Rentieren. Gerne möchtest du auf einem von ihnen reiten. Steige auf den Rücken des Rentiers. Du kannst dich gut an ihm festhalten. Jetzt sitzt du ganz fest und sicher. Die Rentiere galoppieren weiter durch die Luft. Ben hat auf dem Rücken des Rentiers neben dir Platz genommen. Strecke doch einmal beide Arme aus. Spürst du, mit welcher Geschwindigkeit die Tiere laufen? Der Fahrtwind verfängt sich in deinen Haaren. Du fühlst dich völlig frei. Genieße das Gefühl der Freiheit. Die Rentiere werden langsamer. Sie verfallen zuerst in einen Trab und dann in den Schritt. Der Schlitten beginnt zu sinken und landet sicher auf dem Dach eines Hauses. Ben und du klettern herunter und helfen dem Weihnachtsmann, die Geschenke auszuladen. Jetzt folgt eine lustige Rutschpartie durch den Schornstein des Hauses. Schnell geht es nach unten. Durch den Kamin gelangst du in das Zimmer mit dem Weihnachtsbaum. Leise, damit niemand aufwacht, legst du mit dem Weihnachtsmann die Geschenke unter den Baum. Du lächelst und denkst an die Freude, die die Kinder empfinden werden, wenn sie die Geschenke unter dem Weihnachtsbaum sehen. Der Weihnachtsmann bläst seine dicke Jacke auf. Du hältst dich daran fest und gemeinsam schwebt ihr wieder den Schornstein hinauf. Die Rentiere sind schon ganz ungeduldig. Schließlich liegt noch eine lange Nacht vor ihnen und es warten noch viele Kinder auf ihre Geschenke. Die Reise geht weiter von Haus zu Haus und durch die ganze Welt. Überall warten schließlich die Kinder auf Geschenke. Als alles verteilt ist, fühlst du dich glücklich und zufrieden. Müde kuschelst du dich in den Schlitten. Der Weihnachtsmann deckt dich und Ben sanft zu. Die Glöckchen der Rentiere klingeln sanft und gleichmäßig. Du bist entspannt. Durch das gleichmäßige Geräusch schläfst du ein. Als du wieder aufwachst, liegst du in deinem Bett. Du läufst zum Weihnachtsbaum. Und wirklich. Hier liegen schon alle Geschenke sauber aufgestapelt. An einem Zweig steckt eine Karte des Weihnachtsmannes: Danke für eure Hilfe! Jetzt kannst du froh auf das Weihnachtsfest warten.

Der Schwan

Schließe doch einmal deine Augen und stell dir vor, dass du am Ufer eines großen Teichs stehst. Die Sonne scheint und es ist ein schöner Frühlingstag, um einen Spaziergang mit Marie zu unternehmen. Am Ufer des Teichs wachsen Gras und Blumen. Gänseblümchen und lila Veilchen duften verführerisch. Bei einem Strauch blühen gelbe und lila Blumen. Die ersten Bienen sind auch schon fleißig unterwegs. Setze dich einmal in das Gras. Du spürst, wie weich und warm der Boden ist. Das Wasser des Teichs ist klar. In der Tiefe kannst du die Steine, die über den Boden verteilt sind, sehen. Strecke deine Füße in das Wasser. Es ist an der Oberfläche ganz warm und tiefer angenehm kühl. Am seitlichen Ufer wächst braunes Schilf. Es ist so dicht, dass du kaum durchsehen kannst. Die bräunlichen Rohre schwanken im Wind. Geh mit Marie näher an das Schilf heran. Da leuchtet etwas Weißes zwischen den Schilfrohren hervor. Vorsichtig teilt ihr das Schilf. Vor euch liegt ein großes Nest, das aus Zweigen, Blättern und

Grashalmen aufgebaut ist. Ein schöner weißer Schwan bewacht das Nest und die darin liegenden Eier. Eine Eischale ist schon zerbrochen. Der junge Schwan sitzt noch etwas zerzaust in seinem Nest. Liebevoll putzt die Mutter seine Federn. Ihr seht, dass sich auch die anderen beiden Eier bewegen. Die Schale zerbricht und zwei weitere junge Schwäne schauen sich neugierig um. Ihre Federn sind noch nicht so schön weiß wie die ihrer Eltern. Jetzt ist es Zeit für den ersten Ausflug ins Wasser. Die kleinen Schwäne paddeln aufgeregt mit ihren Füßen. Sie folgen schnell ihrer Mutter. Den Abschluss der Gruppe bildet der stolze Schwanenvater. Die Vögel schwimmen direkt auf euch zu. Elegant und ruhig gleiten sie über das Wasser des Teichs. Eines der Jungen ist wohl müde. Es hat sich auf den Rücken des großen Schwans gesetzt. Du streckst vorsichtig deine Hand aus. Der kleine Schwan knabbert an deinen Fingern. Du fütterst ihn mit einigen Kräutern und kraulst seine Federn. Die kleinen grauen Federn fühlen sich an wie eine wattige Wolke. Glaubst du, dass ich auch einmal so elegant aussehe wie meine Eltern? fragt der kleine Schwan. Sicher, sagt seine Mutter. Du musst nur noch etwas größer und älter werden. Dann bekommst du auch so schöne, weiße Federn wie wir. Die Schwäne schwimmen gemeinsam weiter. Über der Wasseroberfläche schwebt eine Libelle. Sie glitzert blau in der Luft. Ihre Flügel sind ganz fein. Schau genau hin. Dann kannst du die feinen Adern auf den Flügeln erkennen. Streck deine Hand aus, damit sich die Libelle daraufsetzen kann. Sie landet. Du spürst die kleinen Füße kaum auf deiner Haut. Sie dreht den Kopf und schaut dich mit ihren großen Augen an. Die Flügel der Libelle beginnen wieder zu schlagen. Siehst du, wie schnell sie sich bewegen? Wie ein kleiner Hubschrauber steigt die Libelle in die Luft und fliegt in das Schilf hinein. Beobachte weiter den friedlichen Teich. Du fühlst dich entspannt und kannst deine Probleme vergessen. Jetzt kannst du langsam die Augen öffnen.

Besuch bei der Waldmaus

Es ist schon Herbst geworden. Alle Tiere füllen ihre Vorratskammern für den kalten Winter. Auch die Waldmaus ist dabei, sich Vorräte anzulegen. Sie öffnet die Türe zu ihrem Haus und steckt vorsichtig das kleine Näschen hinaus. Über den Waldboden zieht noch der Nebel und die Sonne kämpft sich erst durch die Wolken. Auf der Wiese glitzern kleine Eiskristalle, die sich an den Grashalmen festgesetzt haben. Du machst gerade einen Spaziergang und begrüßt die kleine Waldmaus. Gemeinsam bewundert ihr die Eiskristalle auf der Wiese. Du nimmst die Ruhe und die Schönheit der Landschaft tief in dein Herz auf. Schau einmal genauer hin. Auf dem Gras liegen viele kleine Netze, die wie glitzernde Schleier aussehen. Du stupst ein Netz vorsichtig mit dem Finger an. Ein leises Läuten der Eiskristalle ist zu hören. Gemeinsam wanderst du mit der Waldmaus zu dem Beerenstrauch am Waldrand. Hier findet ihr dunkle, süße Beeren. Du hilfst der

Maus, die Beeren in einen kleinen Beutel zu stecken. Es sind so viele, dass nicht alle Beeren Platz haben. Doch die Waldmaus hat vorgesorgt. Sie hat auch eine kleine Schubkarre mitgenommen, in die du noch viele Beeren legen kannst. Unter einem Baum stehen noch einige Pilze. Die Waldmaus pflückt sie und freut sich über die unerwartete Ergänzung für ihre Vorratskammer. Wieder auf der Wiese angelangt, schaust du dir die Netze genauer an. Sie bestehen aus Fäden, die von kleinen Spinnen geknüpft worden sind. Eifrig sind die Spinnen dabei, weitere Netze zu weben. Kleine Waldwesen werden sie später einsammeln und zum Schmücken der Bäume im Wald verwenden. Du stellst dir vor, wie schön das aussehen wird und freust dich über die fleißigen Spinnen. Nachdem alle Früchte in der Vorratskammer verstaut sind, lädt dich die Waldmaus zum Essen ein. Sie hat schon ein Stück leckeren Käse und eine warme Kürbissuppe auf den Tisch gestellt. Frisches Brot steht auf dem Herd. Der Duft der Suppe und des warmen Brotes macht dich hungrig. Gemeinsam mit der Maus genießt du das ausgezeichnete Essen. Die Suppe wärmt deinen Magen. Der Kürbis schmeckt nach Herbst und Sonne. Du fühlst dich satt und wohl. Als Nachtisch gibt es noch ein Stück Beerenkuchen. Du verabschiedest dich von der Waldmaus und wanderst noch ein Stück über die Wiese. Die Spinnen sind immer noch bei der Arbeit und fertigen weitere Netze an. Andere Spinnen suchen nach Eiskristallen und kleben diese in die Netze. Hinter dem Busch kommt ein Fuchs hervor. Die weiße Schwanzspitze zuckt aufgeregt. Der Fuchs fragt nach seiner Freundin, der Waldmaus. Aber die ist sicher schon schlafen gegangen. Du bewunderst den roten Rock des Fuchses. Er leuchtet schön zwischen dem Laub der Blätter und dem Gras. Streichle über sein Fell. Unter den harten äußeren Haaren kannst du die weiche Unterwolle fühlen. Sie hält den Fuchs schön warm. Es ist wieder Zeit nach Hause zu gehen. Der Fuchs muss auch wieder zurück in den Wald zu seiner Familie. Müde wanderst du nach Hause. Du fühlst dich glücklich und entspannt. Öffne jetzt langsam deine Augen.

Das Lach-Land

Heute fühlst du dich gar nicht wohl. Nichts macht dir Spaß und du hast schlechte Laune. Besuche doch einmal das Lach-Land. Hier werden dir die lustigen Bewohner schnell die schlechte Stimmung und Langeweile vertreiben. Schließe deine Augen. Wenn du sie wieder öffnest, stehst du auf einer grünen Wiese. Um dich herum wachsen bunte Blumen, die leicht im Wind schaukeln. Die Sonne scheint. Alles ist schön, warm und ruhig. Auf dem Boden krabbeln viele Käfer. Sie wirken wie buntes Konfetti, das von dem Wind durcheinandergewirbelt wird. Du fühlst dich schon etwas besser. Die ruhige und friedliche Stimmung überträgt sich auch auf dich. Am Waldrand steht ein kleiner Kobold. Er lacht und winkt mit seinen Armen. Du sollst ihm in den Wald folgen. Hier stehen überall Bäume, die mit Moos bewachsen sind. Die Bäume lachen freundlich. Sie heben ihre Wurzeln und führen einen Tanz auf, um auch dich zum Lachen zu bringen. Du kommst in das Dorf der Kobolde. Die Farben der Häuser sind bunt durcheinandergewürfelt. Aus jedem Haus dringt ein lautes Lachen heraus. Hier ist das Lach-Dorf im Lach-Land, sagt der Kobold. Die anderen Wesen kommen aus ihren Häusern. Sie sind auch bunt gekleidet und tanzen um dich herum. Das Lachen wirkt ansteckend. Dein Mund öffnet sich. Und schon lachst auch du aus vollem Hals. Du kannst dich kaum mehr erinnern, dass du schlecht gelaunt warst. Jetzt fühlst du dich wieder froh. Alles in dir ist hell. Die dunklen Schatten sind verschwunden. Du fühlst keine Angst und Sorge mehr. Das Lachen hat den ganzen Kummer weggetragen. Du wanderst mit dem Kobold weiter durch das Dorf. In den Gärten blühen große Blumen. Tritt doch einmal näher. Jetzt kannst du in die Blüten hineinschauen. Auch hier sitzen kleine Wesen, die vor sich hin lachen. Sie besitzen feine Flügel, mit denen sie die Blumen ständig kitzeln. Jedes Mal, wenn sich die Flügel der Blumenelfen bewegen, schütteln sich die Blumen vor lauter Lachen. Es ist absolut unmöglich, im Lach-Land ernst zu bleiben. Kaum haben sich alle etwas beruhigt, erzählt ein Lach-Kobold einen neuen Witz. Und das Lachen beginnt wieder von Neuem. Die Kobolde lachen so stark, dass die Zipfel ihrer Mützen wackeln. Einer kippt sogar aus seinen großen Stiefeln. Er fällt um und landet auf dem Rücken. Seine Beine ragen in die Luft und strampeln. Lachend helfen ihm die anderen Kobolde, wieder aufzustehen. Du kannst dich kaum mehr beherrschen. Dein ganzes Herz ist mit dem fröhlichen Lachen angefüllt. Und es will einfach heraus. Du lachst wieder aus vollem Herzen. Höre den Kobolden noch einige Zeit zu und beteilige dich an ihren Spielen. Dann ist es Zeit, wieder an die Heimkehr zu denken. Verabschiede dich von den lustigen Wesen und dem Lach-Land und mache dich auf den Heimweg. Strecke deine Arme und Beine. Öffne die Augen und schau dich in deinem Zimmer um. Auch hier stehen viele lustige Dinge. Du bist entspannt und fühlst dich leicht und gut gelaunt. Erinnere dich an dein Abenteuer im Lach-Land. Du musst noch einmal lachen.

Ein Paradies schaffen

Heute wirst du dir ein eigenes Paradies bauen. Lehne dich zurück und schließe deine Augen. Konzentriere dich auf die Atmung und versuche, jeden Atemzug bewusst wahrzunehmen. Zuerst fühlen sich die Arme immer schwerer an. Dann breitet sich die Wärme und die Müdigkeit langsam in deinem ganzen Körper aus. Stell dir jetzt einfach ein weißes Blatt Papier vor. Lasse deinen Gedanken freien Lauf. Du kannst jetzt beginnen, dein eigenes Paradies zu bauen. Wie ist der Boden unter deinen Füßen? Ist er weich oder hart? Kitzelt das Gras deine Zehen oder sinken diese in dem Sand des Strandes ein? Jetzt kommt der Himmel an die Reihe. Die Sonne scheint warm auf die Landschaft. Oder der Mond verzaubert alles mit seinem silbernen Licht. Die Sterne überziehen die Erde mit einem Mantel aus glitzerndem Sternenstaub. Drehe dich einmal im Kreis und schau dir alles genau an. Du kannst das Wetter und die Landschaft bei jeder neuen Traumreise mit deiner Fantasie immer wieder verändern oder neu erschaffen. Jetzt kannst du beginnen, die Landschaft mit Leben zu füllen. Beginne zuerst bei den Pflanzen. Möchtest du Blumen auf der Wiese blühen lassen? Am Rand können Bäume dem müden Wanderer Schatten bieten. Kornfelder erstrecken sich im Hintergrund der Landschaft. Oder fällt dein Blick auf ein blaues Meer mit kleinen Wellen und Schaumkronen?

Die Landschaft ist schon gut zu erkennen. Ein kleines Häuschen bietet dir Schutz und Unterkunft. Die Blumen duften schön und schwingen in einem sanften Wind. Verschiedene Tiere sind zu sehen. Da gibt es Pferde, mit denen du reiten kannst, Katzen, Hunde, Hasen und Schafe. Vielleicht stehen in einiger Entfernung sogar Kühe. Vögel fliegen durch die Luft und zwitschern fröhlich. Ganz in der Nähe plätschert ein kleiner Bach munter über die Steine. Suche jetzt einen Platz in deiner Landschaft aus, an dem du dich besonders wohl fühlst. Setze dich nieder und beobachte alles um dich herum. Du kannst immer wieder Dinge, Farben und Formen verändern. Du fühlst dich einsam. Schau einmal. Da kommen Ben und Marie hinter dem Häuschen heraus und setzen sich zu dir. Du kannst mit ihnen spielen und dir so lustig die Zeit vertreiben. Lade auch noch andere Freunde ein, in dein kleines Paradies zu kommen. Vielleicht besuchen dich auch lustige Zwerge, Feen oder andere Märchenwesen. Nimm dein eigenes Paradies ganz bewusst war. Genieße die Ruhe und den schönen Duft der Blumen und der Bäume. Höre dem Rauschen des Baches zu und lass deinen Gedanken freien Lauf. Du kannst dich immer an diesen Ort zurückziehen, wenn du Ruhe und Zufriedenheit suchst. Jetzt solltest du noch einen Eingang bauen, damit du das Paradies immer leicht wiederfindest. Vielleicht ist das eine kleine Höhle im Felsen, oder eine Türe bei der Wurzel eines alten Baumes. Immer wenn du dir diesen Eingang vorstellst, kannst du dein Paradies betreten. Komm jetzt langsam wieder in die Wirklichkeit zurück. Du kannst deine Finger, Arme und Beine wieder leicht bewegen. Öffne die Augen und erinnere dich an die Ruhe und das Glück, das du empfunden hast.

Quellenangaben

- https://www.entspannung-plus.de/fantasiereisen-fuer-kinder/
- https://www.kita-turnen.de/entspannung/entspannung-fantasiereisen/
- https://www.jugendleiter-blog.de/ideen-kita-kindergarten/fantasie-reisen/
- Traumreisen für Kinder: Fantasiereisen und Entspannungsgeschichten zur Meditation für Kinder von Alexandra Lennarz

Impressum

Deutschsprachige Erstausgabe Januar 2021

Philipp Brandt wird vertreten durch:

Philipp Bernardy

Hermanstraße 5 1/2

86150 Augsburg

Covergestaltung und Satz: Wolkenart - Marie-Katharina Becker,
www.wolkenart.com
1. Auflage

Verantwortlich für den Druck: Amazon Distribution GmbH, Leipzig

Printed in Germany
by Amazon Distribution
GmbH, Leipzig

22882174R00082